山神

Spirit of the Mountains

한국의 산신과 산악 숭배의 전통

山神

한국의 산신과 산악 숭배의 전통

Spirit of the Mountains

데이비드 메이슨 지음 · 신동욱 옮김

한림출판사

추천의 글

우리가 나고 자란 모국의 전통문화는 도저히 값으로 평가할 수 없는 소중한 자산임에도 불구하고 우리는 이를 소홀히 할 뿐 아니라, 제대로 알지도 못한다. 한민족, 한 국가로서 정체성을 가지게 만들어주는 바탕이 바로 전통문화임을 알면서도 겨우 그 일부분만을 다음 세대에 전하고 있을 뿐이다. 우리나라가 자랑스러울 때는 외국인 앞에서 한국인임을 뿌듯해 하지만, 과연 우리는 자신의 문화 전통에 대해 얼마나 깊이 알고 이해하고 있는지 돌아보지 않을 수 없다.

요즘 우리는 쉽사리 외국 여행을 하며 그들의 사적과 고유한 풍습에 감탄하지만, 정작 우리나라를 두루 돌아보거나, 방대하고 풍부한 종교·철학적 유산을 깊이 있게 연구해 본 사람은 많지 않다. 우리나라에는 우리 고유의 문화를 다채롭고 역동적으로 표현하는 명소들이 산속 이곳저곳에 많지만, 대부분 거의 알려져 있지 않아 찾는 이가 많지 않다. 우리는 세계 어느 나라보다 심오하고 다양한 일련의 종교적 전통을 물려받았음에도 불구하고, 외국인들에게 우리의 전통을 피상적 수준 이상으로 설명할 수 있는 사람은 거의 전무한 실정이다. 우리 민족의 소중하고 고유한 전통문화의 가치를 생각할 때 이는 매우 안타까운 일이 아닐 수 없다. 전통문화를 되찾고 이해의 폭을 넓히며 감상하는 한편 전 세계 사람들이 우리 전통문화의 아름다운 실상을 알 수 있도록 다같이 배전의 노력을 기울여야 할 것이다.

데이비드 메이슨 씨는 강원도의 모 대학에 교수로 재직할 당시 우리나라의 산신이라는 주제에 무척 흥미를 느끼고 수년 간 사비를 들여 전국 각지를 여행하면서 이를 깊이 연구하였다. 그리고 3년 전 자신이 촬영한 사진과 함께 명쾌한 설명이 수록된 산신에 관한 큰 분량의 책을 영문으로 펴냈다. 이로써 우리는 그동안 세계화의 추진 과정에서 간과해 왔던 매우 중요한 우리의 전통문화를 세계에 소개하는 이정표를 마련하게 된 것이다.

나는 이 책을 보고 데이비드 메이슨 씨에게 서울로 와서 2001~2002 한국 방문의 해 프로젝트 팀에서 같이 일하자고 부탁했다. 그리고 우리는 함께 한국의 관광 인프라와 서비스 수준을 선진국 수준으로 높이고 세계 모든 사람들에게 우리나라에서 보고 즐길 수 있는 풍물을 알리기 위해 수십 개의 프로그램을 실시했다. 전통문화 뿐 아니라 우리의 아름다운 경치, 역동적인 발전, 맛있는 음식, 따뜻한 환대와 멋진 쇼핑 이 모두는 세계 여행자들에게서 한층 더 많은 인정을 받는 데 전혀 손색이 없는 것들이었다.

관광은 분명 21세기를 맞은 전 세계의 선도 산업이며 경제 성장의 원천이다. 한국은 이 분야에서 마땅히 제대로 된 평가를 받아야 하며 세계에서 가장 즐겁고 흥미로운 관광지로 올바르게 인식되어야 한다. 나는 데이비드 메이슨 씨가 우리나라의 전통문화와 경치가 뛰어난 장소를 너무나 잘 알고 있고 또한 열정을 갖고 있기 때문에 한국 방문의 해를 여러 방면으로 지원할 수 있는 소중한 사람임을 알고 있었다. 그리고 역시 내 기대는 어긋나지 않았다. 전 세계 사람들을 상대로 정부가 해야 할 일을 한 외국인이 나서서 헌신적으로 홍보해 주다니 대단히 고마운 일이 아닐 수 없었다.

그 뒤 2002년 10월에 대한민국 학술원이 한국에 관한 최우수 최신 연구서적으로 이 책을 선택하고 500권을 구입하여 대학, 연구소 및 도서관 등에 배포하였다. 이것은 아주 드문 일이며 대단한 영광이 아닐 수 없다. 나 역시 이 책이 지금까지 외국인이 한국 문화에 관해 쓴 책들 중 가장 우수한 책으로 대단히 깊은 이해를 보여주고 있다는 데 동의하며 데이비드 메이슨 씨에게 감사를 보내는 바이다.

이제 그동안 내가 부추긴 대로 산신(*Spirit of the Mountains*)은 매우 뛰어나며 문화적 자질을 갖춘 번역가에 의해 한국어로 태어났다. 나는 통찰력 있는 한 외국인의 눈으로 바라본 이 책이 우리 자신에게도 전통문화를 이해하는 데 있어 더없이 소중한 자료가 될 것으로 확신한다. 우리 것인데도 외국인의 시각에서 바라볼 때 더 잘 보인다는 말은 좀 이상하게 들리기도 하지만 사실이다. 우리의 전통문화에 관심을 가진 외국인의 찬사를 듣고서야 우리는 비로소 우리 자신의 것을 소중히 여기게 되는 경우가 많다. 이렇게 중요한 산신의 존재 역시 우리 자신이나 외국인들에게 알려지지 않고 제대로 평가를 받지 못한 채 남아 있었던 것이다.

이번 한국어판 출간으로 우리 전통문화의 중요한 보물 중 하나를 되찾고 신선한 시각에서 이를 감상할 수 있게 되었다. 우리 국민 모두가 이번 기회를 통해 우리의 고유 유산에 대해 더 많은 관심을 갖고 세계 만방에 자랑할 수 있게 되기를 간절히 바라는 바이다.

도영심
한국문화관광정책연구원 이사장
'한국 방문의 해' 추진위원회 위원장
전 국회의원

춘천시 삼악산. 1988년 저자는 이 산 언저리의 덕두원리에 있는 농가에서 이 책을 썼다.

동네의 조촐한 산신각에서 연 2차례씩 제를 올리는 덕두원리의 농부

서문

　내가 처음으로 한국의 산신에 관심을 갖게 된 것이 1982년 여름 한 사찰을 찾았을 때부터이니, 어느덧 18년이 넘었다. 그 이후로 아름답고 신령스러운 한국의 산을 오르내리며 산신에 대한 사진과 정보를 모으는 일이 곧 취미였다. 1990년대에 들어서는 산신이 부당하리만치 세상에 알려지지 않았으며, 한국 문화 연구 분야에서도 거의 관심을 받지 못하고 있다는 것을 알게 되었다. 그리하여 이 분야를 보다 깊이 연구하고 내가 발견한 것을 관심 있는 사람들에게 알리는 것이 나의 소명이라고 생각하게 되었다.

　그런 의미에서 무엇보다 이 책을 집필하고 출판할 기회를 제공해준 서울의 한림출판사에 감사를 드린다.
　이 책을 집필하는데 여러 학자들과 친지들이 다방면으로 도와주셨다. 이 자리를 빌려 이분들에게 감사의 마음을 표하고자 한다. 서울 봉선사의 월운 스님(조계 역경원 원장), 팔공산 은해사의 법타 스님, 계룡산 신원사의 묘봉 스님, 양산 통도사의 만성 스님, 삼악산 봉덕사의 혜욱 스님, 제갈용우 검사, 권순일 판사, 국립민속박물관의 양종승 박사, 김현기 호가트 박사, 나의 절친한 친구 찰스 마크 뮐러, 오랜 친구인 프랭크 테데스코 박사와 도날드 베이커 박사, 한림출판사와 왕립 아시아협회 한국지부의 직원들, 그리고 누구보다도 고 조자용 박사(속리산 호랑이)께 깊은 감사를 드린다.

　끝으로 이 책을 나의 소원인 한국의 문화적 통일에 바친다. 그리고 이 신성한 역사를 실현하는 데 있어 산신이 큰 역할을 할 것임을 믿어 의심치 않는다.

데이비드 메이슨(David A. Mason)
단기 4334년(서기 2001년) 음력 사월 보름
한국 서울의 구름에 싸인 산비탈에서

한국의 산신 탱화 중에서 가장 뛰어난 중요한 작품. 한쌍의 남녀 산신과 호랑이 한쌍 그리고 신장(神將). 소년과 소녀 시동 그리고 배경의 아홉 산신들이 부채를 들고 있으며 인삼. 불로초, 지팡이 그리고 복숭아까지 그려져 있다. 이 작품은 1999년 원주시에 있는 백운산 기슭에 위치한 아담한 남사 선은사에서 필사가 직접 발견인 깃이디. 어기에시 이홉 명의 보고 산신들은 한국 선불교의 구산(九山)을 의미하는 것이거나 한반도의 구대성산(九大聖山)을 의미하는 것으로 생각된다.

차례

제1장 한국 산신^{山神}의 개괄: 산악국가의 수호신, 산신   **13**

1. 소개   14

2. 자료 수집과 연구 과정   20

3. 명산 숭배의 단계   29

제2장 산신의 도상학적 표현   **31**

1. 산신의 인격화   32
   A. 정체, 특징 및 성격   32
   B. 성별   39

2. 산신의 초상화와 상징   45
   A. 돌과 그림   45
   B. 그림의 기원   49
   C. 영신(嶺神)   53
   D. 그림의 제작   56
   E. 기본적인 도상학적 표현   59
   F. 산신이 거하는 곳, 신선대   60
   G. 손에 들고 있는 상징, 지물(持物)   62

3. 부속 상징물들   73
   A. 호랑이   73
   B. 시종들: 행동 및 손에 들고 있는 것들[持物]   78
   C. 다른 사람들   85
   D. 배경의 동물과 새들   86
   E. 배경의 식물들   87
   F. 기타   88

4. 사당과 그 부속물   90
   A. 산신을 모시는 곳   90
   D. 홀로 깨친 성인, '독성'   91
   C. 칠성과 제석   96

D. 용왕　99

E. 다른 부속 인물 및 장소　100

F. 신중 탱화, 또 다른 산신의 모습　102

제3장 한국의 신앙전통에 있어서의 산신　107

1. 한국의 뿌리: 단군신화와 초기 민족주의　109

2. 한국의 무속: 제례 및 순례　115

3. 한국의 도교와 풍수지리: 산의 영적 기(氣)　121

4. 한국 유교: 존중하고 인정함　126

5. 한국 기독교: 반대와 공격　133

6. 한국의 불교: 국가의 봉록을 받는 관리로서의 산신　136

　A. 불교의 토속 무속 수용　136

　B. 불교의 산신 수용　137

　C. 산신의 불교 흡수　142

　D. 불교의 산신 숭배의식: 봉록 수여를 통한 통합과정　146

　E. 사찰의 산신 사당: 상호 지원의 전통　151

　F. 반대의 경우(불교의 저항)　157

　G. 미래의 융화: 산신을 보살로　159

제4장 산신의 미래에 대한 전망　165

1. 21세기 한국 문화에서 산신의 위치　166

2. 생태 공경(Ecopiety)과 현대 사회: 환경의 상징으로서의 산신　171

3. 남북 통일　177

참고 목록　184

대전사를 굽어보고 있는 빼어난 모습의 주왕산 봉우리.
이곳 본전 오른쪽에 조그마한 산신각이 자리 잡고 있다.

제1장

한국 산신山神의 개괄:
산악국가의 수호신, 산신

치악산 관음사에 있는 산신상.
지팡이와 인삼을 들고 있다.

한국 산신山神의 개괄:
산악국가의 수호신, 산신

1. 소개

지금 여러분이 글을 읽고 있는 이 순간에도 어느 계절, 어느 시간을 막론하고 한반도 곳곳에서 산신 기도가 치러지고 있을 것이다. 깊숙한 계곡이나 산골짜기에서 혼자 혹은 여럿이 모여 지내는 산신 기도는 그 모양 또한 다양하다. 무당들이라면 신성한 봉우리 앞에 촛불을 밝혀놓고 주문을 외우고 있을 것이다. 일반인들은 서울 시내가 내려다보이는 선바위나 국사당의 산신 탱화에 절을 하고, 종교나 무속에 무심한 등산객일지라도 등산로 옆 돌무더기 앞에서 잠시 걸음을 멈추고 돌을 하나 올려놓을 것이다.

산을 숭배하는 전통은 토착 종교와 농경 문화의 퇴조로 전 세계에서 서서히 사라지고 있다. 산업화된 현대 문명의 밀물 앞에 각 지역의 독특하고 전통적인 종교가 '국제적'인 현대 종교에 그 자리를 내어주고 있는 것이다.

그러나 그 어느 나라보다도 현대화에 앞서는 한국(남한)에서는 유독 명산 숭배의 전통만은 여전히 생활 곳곳에서 굳건히 자리를 지키고 있다. 유서

치악산(러스티 카터 사진)

태백산 문수봉에 있는 산신돌각

가야산 해인사 약수암의 산신 탱화

깊은 전통 종교가 근대적 종교와 함께 번창하고 있다는 점에서 한국은 현대 세계에서 매우 예외적인 존재라고 할 수 있다.

OECD 회원 국가로 눈부신 경제적 성장을 보여주고 있는 한국 문화의 중심에 '산신'은 여전히 자리 잡고 있으며, 한국인의 정체성을 지탱하는 뿌리 역할을 담당하고 있다. 또 이러한 태고의 신앙은 단순히 살아만 있는 것이 아니라 다양한 모습으로 변천되고 발달하여, 21세기 한국의 문화와 정치적 현실에서 명산 숭배는 새로이 자리매김하고 있다.

한국인들에게는 너무도 자연스러워서 스스로 인식하지 못하는 이러한 경이로운 상황을 다각적인 관점에서 보다 광범위하고 심도 있게 파헤쳐보는 것이 바로 이 책의 목적이다.

한반도는 75%가 산악 지형으로 이루어져 있으며, 이러한 지형적 요건은 한국 문화의 발달에 두드러진 영향을 미쳤다. 한국의 산들은 하늘을 향해 뻗어있다. 드높아 웅장하며, 아름답고 감동적이며, 위압적이면서 단정하고, 위험스러우면서 유용하다. 산은 풍부한 자원의 보고로서 양식을 주며, 맑은 물과 땔감을 제공하고, 그 품안에 숨어 보호받을 수 있는 은신처가 된다. 한국의 산은 한국인들이 감사하고 두려워하며, 존경하고 숭배하지 않을 수 없는 존재들인 것이다. 아주 오래 전, 한국인들은 명산에 혼을 부여하고 산신이라는 자연 숭배적인 존재를 창조했다(일반인들은 산신령이라고 부르는데, 영어로 번역하며 'Mountain spirit spirit'이 되고 만다. 또 신령이란 단어는 요즘 들어 흔히 '귀신'이나 '악령'에 가까운 의미를 내포하기도 하니 적합하지 않은 것 같다). 산신은 모든 산에 공통적으로 적용되기도 하지만, 각 봉우리와 골짜기, 산비탈, 계곡, 숲과 시냇물의 개성을 상징하기도 한다.

여기서 분명히 이해하고 넘어가야 할 것은 산신의 '신'은 서구인들이 생각하는 '하나님'의 개념과는 다르다는 것이다. 물론 한국의 기독교도들은 하나님을 신으로 호칭하지만, 산신을 'Mountain god'으로 번역할 수는 없다. 그렇다고 'Mountain ghost'라고 번역하는 것도 정확한 것이 아니다. 두 가지 모두 정확한 의미를 전달하지 못하기 때문이다. 영어의 'spirit'이라는 단어가 가장 원래의 뜻에 근접하는 것 같아 나도 그 말을 사용하고 있는데, 그 이상 적절한 단어를 찾을 수 없으니 안타까운 일이다.

일반적으로 'ghost'로 번역되는 한국어의 '귀신'이라는 단어의 의미를 서구인들이 정확히 이해하는 것도 쉬운 일은 아니다. 한국인이라 해도 요즘 젊은이들은 한자보다 영어에 더 익숙하니 이에 관해 좀 더 설명을 보태야 할 것 같다.

한문학적으로 정의를 내려 본다면, '귀신'은 두 가지 요소, 즉 '귀(鬼)'와 '신(神)'을 합성한 존재로 신체를 가진 인간과 완전한 존재인 신(神)의 중간 위치를 차지하는 존재이다. 귀(鬼)란 지면(地面, 북동아시아 종교에서는 '세상'으로 표현한다) 아래로부터 솟아오르는 격이 낮은 신령이며, 저급한 기(氣)로서 우리의 신체는 이 귀(鬼)로 만들어진 것이라고 한다. 그런가 하면 신(神)은 우주('천상' 또는 인간의 영역을 벗어난 차원)에서 내려오는 고차원적 기(氣)로서 인간의 정신을 이루는 재료가 된다. 이 둘은 음양의 이치에 따라 우리 내부에서 합쳐져 인간을 형성하고, 죽은 후에는 각각 원래의 차원으로 '회귀'한 다음, 새로운 인연에 따라 새로운 생명으로 탄생한다. 산신은 이러한 귀신(鬼神)의 상호작용의 궁극적인 속세적 발현이며, 인간이 한 생애를 마감한 후 도달하고 싶은 이상적 존재로서, 종종 인간의 모습으로 그려진다. 산봉우리는 지상의 기가 도달할 수 있는 가장 높은 지점이며, 동시에 천상의 기에 가장 가까이 다가갈 수 있는 지점이다. 따라서 산봉우리는 기가 가장 강력한 지점으로 귀신의 발현에 가장 이상적인 곳이 된다. 다시 말해서 산신은 인간의 정신과 천상을 이어주는 중요한 '다리'가 되는 것이다(화엄경에는 108개의 이러한 다리가 있다고 기록되어 있다).

명산 숭배의 전통은 한국 문화와 그 역사를 같이한다. 그러나 불행하게도 한자가 들어오기 전에 한국인들이 산신을 어떻게 불렀는지는 알 수 없다. 그렇지만 한국에서 발견된 가장 오래된 비석은 바로 산신에게 헌정하는 것이다. 기원 후 2세기경 중국 후한의 기록에는 '한국[東夷: 동이]'에는 산과 하천에 제사를 지내는 풍습이 있으며, 호랑이에게도 제사를 드린다고 기록되어 있다. 한국인들의 민족성을 대표하는 옛 전설 중에도 의인화된 산신이 핵심적인 역할을 하는 내용이 많다는 것을 이 책을 통해 알게 될 것이다.

한국의 산은 가파른 편이다. 가파른 언덕에 숲이 우거져 있고, 그 위로는 도저히 오르지 못할 깎아지른 듯한 높직한 절벽에 옹이투성이 소나무 몇 그루가 자리를 잡고 있거나 폭포가 흘러내린다. 그 뒤로는 회색빛 화강암이 번쩍이는 높은 산봉우리가 있다. 이를 바라보는 사람들은 우뚝 솟은 봉우리에 정신적인 생명이 있다고 믿었고, 이 혼은 귀신의 발현이거나 대지의 정기(물질적 에너지)를 품고 있는 것으로 여겼던 것이다. 또한 크기와 모양, 방향과 특징, 서식하는 동식물이 제각기 다르다는 것을 감지하였다. 어느 산 아래에 사느냐에 따라서 삶의 모습이 조금씩 달라지기도 하였다. 이렇게 서로 다른 산의 특성이 의인화되어 인간으로부터 추앙을 받고, 그 대가로 보호와 은혜를 내려주는 것이 바로 산신이다.

이상에서 말한 것이 일반적인 산신의 의의라면 나는 나름대로 산신의 의미에 보다 심오한 개념을 부여하였다. 산신이란, 그레고리 베이트슨(Gregory Bateson)이 정의한 '정신적 체계(Mental System)[1] 모든 정신들과 교류하는 정신, 그리고 우리의 우주와 생명계를 대표하는 단일 정신'을 상징화한 것이라는 생각이다. 이 정신적 체계는 산의 생태계와 그 범위 안에 거주하는 사람들 사이의 모든 상호 작용을 포함한다. 그것은 인간의 모습으로 인격화된 '신'으로 표현되며, 제사를 통해 신을 경배할 때 시너지 작용[2]이 일어난다. 산이라고 하는 지구 생태계의 작은 일부와 그 위에서 살아가는 인간이라는 작은 일부가 서로 조화를 이루어 더욱더 진화해 가는 관계라고 할 수 있을 것이다.

제임스 러브록(James Lovelock)의 '가이아(Gaia)

전라남도 운주사의 산신 탱화.

이론',[3] 즉 지구와 그 생태계(인간을 포함해서)를 살아있고 진화하는 존재로 볼 수 있다는 생각과 연관을 지어본다면, 한국인들의 전통적 (동시에 현대까지도 이어지고 있는) 산신 숭배가 무의식적으로 무엇을 의미하는가에 대해 보다 잘 이해할 수 있다.

금장태 교수는 한국인들이 전통적으로 모든 산에는 정기(正氣)가 있으며 그 산에 살거나 오르는 사람은 산으로부터 정기를 받아 인간성이 보다 깊어지는 경험을 할 수 있다고 믿는다고 말한다. 조상을 키워준 산의 '정기를 받는' 것은 한국인들의

---

1   *Mind and Nature: A Necessary Unity* 이 책은 그가 평생 동안 연구한 심리학, 인류학, 인식론, 환경학 분야의 이론과 실험을 집대성한 것으로 많은 사람들이 금세기 최고의 과학적 소산이라고 일컫는 것이다.

2   시너지란 두 개의 요인이 함께 작용하여 그 두 요인의 합보다 훨씬 더 큰 효과를 발휘하는 것을 일컫는다.

3   지면 관계상 여기서 상세한 설명을 할 수 없음이 안타깝다. 1988년 Bantam Books에서 나온 그의 저서 *The Ages of Gaia* 참조.

치악산(러스티 카터 사진)

정신을 새롭게 해주며, 마음을 열어주고, 자연과의 원대한 만남을 통해 자유로이 원초적인 인간의 '본성'으로 돌아갈 수 있게 해주는 것이다. 나는 실제로 이러한 현상을 많이 보았다. 스트레스에 찌든 한국의 도시인들은 산에 오르면 본연의 자신으로 돌아가 훨씬 느긋하고 친절하며, 명랑하고 너그럽고, 활력적으로 변하곤 한다.

그러나 산신은 비단 개인에게만 영향을 주는 것이 아니다. 기나긴 한국의 역사를 통해 산신은 각 마을과 도시의 주 수호신이었을 뿐 아니라 국가 전체의 보호자 역할을 해왔다. 따라서 고대로부터 장대한 산신단에서 대대적인 제사를 올리는 것은 한국의 왕에게 있어서 합법적인 권력의 상징이었다. 일반 국민들은 마을의 작은 산신각에서 기우제를 올렸다. 지난 세기 한국인들은 치열하게 현대화를 추구했지만, 시시때때로 산신을 공경하거나 최소한 그 존재를 인정해왔다.

산이 인간적인 혼을 품고 있다는 사상은 봉우리나 바위에서 동물이나 인간의 모습을 연상하게 했다. 바위나 봉우리에 붙인 이름이나 지난 600년간의 그림을 통해서도 이러한 사실을 확인할 수 있다.

산신은 자신을 해치거나 무시할 경우 인간에 해를 끼칠 수 있는 두려운 존재가 되지만, 제대로 공경하면 매우 자비로운 존재가 된다. 그리고 산신의 기를 적절하게 흡수하고 사용하면 매우 강력한 힘이 된다. 인간이 자연적 환경에 제대로 적응하면 복을 얻을 수 있고 보다 나은 삶을 살 수 있다. 그리고 이렇게 산이 많은 나라에서 자연적 환경에 적응한다는 것은 다른 무엇보다 산의 정기와 조화를 이룬다는 뜻이 된다. 그래서 한국의 역사를 보면 사람들이 조상의 묘를 세우고, 공부와 수련을 하기나 휴양을 하고, 명상을 하고, 칩거하거나 숨고, 굿을 할 때마다 산신이 사는 산을 찾았던 것이다.

한국의 전통 종교에서 지상의 가장 높은 위치에 있는 산신은 여러 지상과 자연의 신 중에서도 가장 높은 위치에 있었다. 따라서 모든 의식에서 가장

서울 도봉산 금강암의 산신 탱화

먼저 섬김을 받고 존경받는 존재였다. 산신은 세상에서 (실질적으로나 상징적으로) 가장 발달한 존대를 상징하며, 세상이 하늘과 맞닿는 곳에 있어서 하늘의 기와 축복을 가장 직접적으로 받는다. 천상과 지상이 만나는 지점에 있는 산의 정기는 인간의 운명에도 막강한 영향을 끼친다.

산신이 한국의 신 중에서 가장 높은 위치에 있는 것은 아마도 한국이 대부분 산으로 이루어진 나라이기 때문일 것이다. 한국의 시조인 단군도 왕위에서 물러난 다음 산신이 되었다고 하며, 한국의 모든 종교적 전통은 (반대하는 입장인 경우에도) 산신의 중요성을 인정하고 있고, 국민들은 다른 어떤 존재보다도 산신을 우선으로 섬긴다. 스코틀랜드 출신의 목사 존 로스(John Ross, 1842~1915)는 1879년에 저술한 '한국의 역사(*History of Korea*)'(서구 언어로 출판된 최초의 한국 역사서)에서 불교를 믿는 사람보다 산신을 믿는 사람이 많다고 했다. 앞에 열거한 여러 관점에서 봤을 때 한국의 산신은 한국 전통문화의 중심적인 존재로 볼 수 있다. 그럼에도 불구하고, 어떤 언어로도 이 점에 대한 본격적인 연구는 거의 없었다.

현대 한국 사회에 있어서 가장 두드러진 전통 문화 운동가인 고(故) 조자용 박사는 에밀레박물관을 세웠고 삼신(三神)협회를 설립했다. 그는 민속 예술을 논하는 책을 출간하면서 서문에 이런 말을 썼다.

"동양 신화의 초창기부터 한국은 산의 나라로 알려져 있는데, 그것은 국토의 대부분이 산일 뿐 아니라, 한반도 사람들이 전통적으로 산신을 숭배해왔기 때문이다. 오늘날에도 한국에는 수많은 영산(靈山)이 있고, 산신에게 기도를 올리는 사람도

영축산에 자리 잡고 있는 통도사 전경(1998년 안개 낀 9월 어느 날 촬영한 사진)

많다. 명산 숭배는 한국의 모든 문화적 계층을 망라하는 중요한 역할을 해왔기 때문에 한국 문화의 연구에 있어 명산 숭배에 대한 정확한 이해가 가장 중요한 기초가 된다.”

이 책이 목표하는 바가 바로 이것이다.

2. 자료 수집과 연구 과정

나는 고등학교 시절부터 중국의 문화와 종교에 매료되었다. 1970년대에는 미시간 대학에서 중국의 문화와 종교를 공부했지만, 한국에 대해서는 거의 아는 것이 없었다. 그러다 1982년 영어 교사를 하며 아시아 여러 나라를 여행하던 중 한국에 오게 되었다. 한국의 겉모습은 당시와 많이 달라졌

지만 한국의 정신은 크게 변하지 않은 것 같다. 나는 도착하는 그 순간부터 지금까지도 순수하고 역동적인 한국의 전통을 사랑한다. 한국의 전통은 중국의 문화(중국 본토나 타이완보다도 한국에 더 잘 보존되어 있었다)와 한국 토속 문화의 결합이지만, 매우 독특하고 다채로우며 매혹적이고 정신적이며 뛰어난 전통이다.

처음 한국의 사찰을 찾게 되었을 때, 무엇보다도 산신각에 걸린 산신도에 강렬한 흥미를 느꼈다. 정확히 무엇을 나타내는 그림인지는 몰랐지만, 불교보다는 도교적인 인물임을 알 수 있었고, 절의 다른 모든 장식물이 현세를 떠난 순수함과 깨달음을 상징하고 있지만 그 그림 만큼은 자연을 인격화한 것임을 느낄 수 있었다. 나는 그때 처음으로 산신도의 사신을 찍었고, 나중에 그 사진을 여행 일지에 붙여놓았다.

그 당시에는 한국의 문화에 대한 정보를 영어로 구해 보기가 지금보다도 훨씬 어려웠지만 서점에서 구입한 몇 권의 책을 통해 그 그림이 '산신'을 그린 것임을 알 수 있었다. 나는 지적인 호기심을 느낌과 동시에 직관적으로 이 일에 관심이 쏠렸고, 하나하나 새로운 사실을 접하면서 점차 더 깊이 빠져들게 되었다. 그러면서 산신도와 산신의 입상, 조각, 제단 등 산신과 관련된 것을 볼 때마다 사진으로 찍어 간직하곤 했다.

1988년 서울 올림픽 기간에 속리산 외곽의 에밀레박물관에서 조자용 박사를 처음으로 만나게 되었다. 그는 점차 사라지는 한국의 민속 문화, 특히 산신과 호랑이 그림을 보존하는 데 평생을 바친 사람이었고, 내게 깊은 감명을 주었다. 그는 영어와 일본어에 유창했으며, 전 세계가 인종과 국가의 한계를 넘어 한국의 전통을 이해하고 즐길 수 있도록 하는 데 평생을 바친 사람이었다. 나는 그에게 무한한 존경심을 느꼈고, 스승이자 인도자가 되어줄 것을 요청했다. 그분은 나를 제자로 삼아 주었고, 그 후 수년 동안 한국의 정신적 깊이에 대해 많은 것을 가르쳐 주셨다. 그는 산신은 한국의 독창적인 문화이며, 한국의 문화가 중국과 일본 등 다른 동양의 문화에 비해 독립적인 위치를 보유하게 된 주요인이 된다고 했다. 또, 누군가 영어로 책을 써서 한국의 산신을 세계에 소개해야 하는데 내가 그 일을 맡아주었으면 하셨다. 나는 이 일이 결코 쉽지 않다는 것을 잘 알고 있었지만 감히 도전해 보기로 했다. 1988년 개천절에 처음 그를 만난 직후부터, 나는 그동안 모아온 각종 사진첩에서 산신에 관련된 사진을 따로 분리해 별도의 앨범을 만들어 분류하고 보충하기 시작했다.

경상남도의 유명한 통도사에 있는 산신 탱화

통도사의 산신각

그렇게 해서 지금까지 17년 동안 한국에 살면서 산신에 대한 관심은 점차 깊어졌고, 후반에는 진지하게 한국의 명산 숭배에 대한 정보와 이론을 수집하기 시작했다. 시작하고 보니 매우 광범위하고 복잡한 분야임을 깨닫게 되었다. 소수의 전문가들 외에는 이 분야에 대한 학문적인 지식을 갖고 있는 사람이 거의 없었고, 전문가들조차도 영어로 출판

통도사 암자의 다양한 산신 탱화들

한 경우는 전혀 없었다. 나는 연세대학교 국제학대학원에서 산신을 주제로 석사 논문을 썼고(1997년 대학원 졸업) 당시에 수집한 자료는 다시 이 책의 토대가 되어 주었다.

나는 대상을 좀 더 깊이 이해하기 위해 내가 연구하는 전통에 적극적으로 참여했고 어쩌면 이로 인해 '객관성'을 잃었는지도 모르겠다. 이 글을 쓰는 동안 백여 군데의 한국의 산을 등산했고, 산신신앙에서 유래한 건강에 좋다는 약초를 직접 복용해 보았으며, 보다 직접적으로 내가 사진으로 찍은 산신 탱화 앞에서 절을 하고 기도를 올리거나 주문을 외우기도 했다. 1997년 6월, 나는 직접 산신을 친견해 보려고 근처의 한 절에서 3일에 걸친 산신 기도법회에 보시를 하고 참여했지만 안타깝게도 산신의 환영을 볼 수는 없었다.

이 무렵, 내가 모은 산신의 사진은 절에 모셔져 있는 산신 탱화 600점을 포함해 1000장이 되었고, 관련 사진(산신제, 산신을 모신 신전, 관련 있는 초상, 터, 제단, 돌무더기 등)은 수천 장이었다. 그중 3분의 1정도는 현상 사진이었고, 나머지는 슬라이드였다. 이 사진들은 전국 각지에서 찍은 것으로, 서울에서 부산, 제주도, 설악산까지 한적한 산속이나 분주한 도심을 가리지 않고 다니며 모은 것이다.

600점이나 되는 산신 탱화는 모두 독특하며, 단 하나도 같은 것 없이 다양한 상징적 요소와 화법을 보여준다. 나는 오랫동안 그리고 지금까지도 각 그림의 독창성이나 말할 수 없이 다양한 화법, 그리고 수백 장을 보고 난 이후에도 이전에 한번도 보지 못했던 새로운 요소가 등장하는 것에 깜짝깜짝 놀라곤 한다. 나는 이러한 다양하고 변화하는 요소

들의 종교적·풍속적 의미와 상징을 보다 잘 이해하고 출현 빈도를 과학적으로 분석하기 위해 데이터베이스를 만들기 시작했다.

과연 한국 전역에 얼마나 많은 산신 그림과 동상, 조각들이 종교적으로 사용되거나 개인 소장품으로 박물관 등 기관에 보관되고 있을까? 아무도 짐작할 수 없지만, 대략 10만 점 정도로 추정한다면 크게 틀리지는 않을 것이다. 그러나 무당들이 즐겨 사용하는 만화적으로 간단히 표현한 산신 그림들은 그림의 스타일이나 상징적인 요소에 있어 거의 차이가 없는 경우가 대부분이다. 한 열두어 점만 보면 다 보았다고 생각해도 좋을 정도다. 따라서 내가 모은 사진 중에는 이러한 산신도는 비교적 적은 편이다.

그러나 보다 중요한 작품들, 일반적으로 훨씬 복잡하고 커다란 '공식적' 작품들인 산신 탱화는 각기 개성이 있어, 엄청나게 다양한 상징적인 요소와 회화 스타일을 볼 수 있는데, 이들은 거의 모든 불교종파[4]의 절과 국립박물관, 사설박물관의 소장품 중에서 찾아볼 수 있다. 이 중에는 350년이나 된 조선 중기 이후의 민화에서부터 새로 그린 것, 현대주의 화풍이나 풍속화의 화풍을 따른 것들이 있으며, 그 중에는 매우 정교하고 예술적 가치가 높은 작품들이 많이 포함되어 있다.

현재 한국의 불교 사찰과 암자의 수는 3000개 정도로 추정된다. 그러나 많은 비주류 종파의 사찰이나 몇몇 주요 종파의 사찰은 산신 탱화를 모시지

---

4 천태종이나 원불교의 조그만 암자에서는 산신단이나 사신탱화를 모시지 않지만 그 외 대부분의 종파에 속한 사찰 전체의 95% 정도는 산신단이나 산신 탱화를 모시고 있다.

사찰 외벽에 그려진 다양한 모습의 산신 탱화들. 도교, 불교, 성리학 그리고 무교(무속)의 영향을 엿볼 수 있다.

사찰 외벽에 그려진 다양한 모습의 산신 탱화들. 도교, 불교, 성리학 그리고 무교(무속)의 영향을 엿볼 수 있다.

않고 있으므로 현재 사찰에서 사용되고 있는 산신 탱화의 수를 2400개 정도로 보면 크게 어긋나지 않을 것 같다. 따라서, 내가 촬영해 모은 사진은 현재 한국의 절에 모셔놓은 모든 산신 탱화의 25%에 해당한다고 볼 수 있다.

이것은 크고 중요하다고 여겨지는 산과 불교 사찰의 거의 대부분과 작고 외지고 잘 알려지지 않은 산과 사찰, 암자 및 사찰 형식을 흉내낸 대규모 무속 신전들을 충분히 포함하는 것이다. 남한의 거의 모든 지역을 망라하고 있지만, 동등한 비중이라고는 말할 수 없다. 특히 각 지역에 분포된 사찰의 수를 보면 동부 지역의 사찰이 특히 많이 포함되어 있는데, 이는 내가 살던 지역에서 가까워 다른 지역에 비해 자주 여행을 한 이유도 있지만 무엇보다도 한국의 명산들과 유명한 사찰들이 이쪽에 많이 몰려있기 때문이다.

박물관이나 개인 소장품으로 보관되고 있는 산신 탱화의 수는 추정하기 어렵지만, 최소한 1000점이 넘으리라고 보고 있는데, 불행히도 그 중 몇십 장 밖에는 사진에 담을 수가 없었다.

결론적으로, 내가 수집한 자료는 수적으로도 충분하며 한국에 존재하는 산신의 상징을 고루 망라하고 있다. 이를 근거로 쓸모 있는 데이터와 타당성 있는 결론을 내리는데 크게 부족함이 없다고 볼 수 있다. 이 책은 본질적으로 이들 자료를 중심으로 구성되었다.

이 책에 실린 사진을 보면 대부분 짐작할 수 있겠지만, 나는 전문 사진사도 아니고 사진에 취미가 있는 애호가도 아니다. 사진들은 대부분 35mm카메라나 그보다 못한 카메라로 일반 필름을 사용하여 찍은 것이다. 또 주로 가파른 산길을 오르내리는 도중에 사찰이나 암자에 잠시 들러서 허둥지둥 찍은 것이 대부분이다. 특히 중요한 산신 탱화 중에는 보호를 위해 액자에 넣어 유리를 씌워놓은 것들이 많아서 플래시를 사용해 찍는 데에 어려움이 많았다. 개인적으로는 이런 식으로 산신의 모습을 일반 숭배자들에게서 떼어놓은 최근의 추세에 불만이 많다.

내가 이렇듯 구구하게 설명을 하는 이유는 이 책에 실린 사진들이 내가 바라는 만큼 선명하지 않은 점에 대해 독자들에게 사죄해야 한다고 느끼기 때문이다. 다만, 한 개인이 오랜 기간에 걸쳐 애써 찾아낸, 미숙하지만 진지한 연구 기록으로 생각하고 나와 마찬가지로 이 사진들을 아끼고 사랑해 주기를 바랄 뿐이다.

무속을 비롯해 한국의 전통에 대해 연구하고 저술하는 일에 어려움이 많았다. 1900년 이전까지는 기록이 별로 없을 뿐만 아니라 그나마 존재하는 기록조차도 유교 학자들과 기독교 선교사들에 의해 왜곡된 경우가 많았기 때문이다. 더구나 내가 토론하고자 하는 주제에는 확실한 종교적 테두리가 없다. 무속은 한국의 불교, 유교, 도교, 그리고 민족주의에 녹아들고 어우러졌기 때문이다. 조자용 박사도 1982년에 이에 대해 현명한 분석을 한 바 있다.

"때때로 종교적인 모티브(유교, 불교, 도교, 무속)들이 복잡하게 얽혀 있어 정확하게 어떤 종교에 속하는지 판단하기가 불가능한 경우가 많다. 그 결과 한국에는 도교적 불교, 불교적 무속, 도교적 무속이 공존하게 되었으며, 종교적 형식의 그림은 실제로는 공식적이고 학문적인 면보다는 각

종교의 무속적 민속을 담고 있다는 것이 일반적인 인식이다.”

따라서 2001년 현재, 우리가 '전통 한국 문화'라고 칭하는 것은 끝없이 진화하는 짙고 연한 회색의 응집체이다. 깨지지 않은 법도 없으며 경계도 없고 확실한 변수도 없다. 가장 확고한 규칙이라 해도 수많은 예외가 있으며, 이 책에서 추구하는 해답들도 결코 완전한 답이 될 수 없다. 즉 광범위한 '진실' 중에서 일부의 제한적인 진실 밖에는 전해줄

불교식 염주를 걸고 있는 산신 도사의 그림(국립민속박물관 소장)

수 없을 것이다. 이 책을 위한 준비는 이렇게 겸허하고 상대적이며 주관적이고 편견 없는 관점에서 진행되었다는 것을 이해해주기 바란다.

내가 자료를 수집하면서 이야기를 나누어 본 한국과 외국의 전문가들은 대부분 산신을 순수하게 무속적인 신으로 치부했으며, 이 책을 한국의 무속에 대한 책으로 분류했다. 그러나 나는 이 관점에 동의하지 않는다. 한국의 무속은 산신과 연관되어 발전한 여러 종교적 전통 중 하나일 뿐이며, 산신의 존재는 그 모든 전통에서 부분적으로 독립성을 유지하고 있다. 이 책은 한국 전통문화의 핵심을 구성하면서도 어떤 '종교'에도 귀속되어 있지 않는 산신의 자율적인 (동시에 매우 상호작용적인) 성격을 밝혀줄 것이다.

불교, 유교, 도교(풍수지리와 다양한 기에 대한 이론을 포함), 기독교 등 여러 인본주의적 종교가 중국에서 (그리고 후에는 서구에서) 도입되었다. 이들은 모두 매우 흥미로운 과정을 통해 한국의 토속적 믿음 및 전통과 작용했다. 그 중에서도 불교는 가장 먼저 도입되어 한국에서 가장 광범위하고 장대한 전통을 구성했고, 지금까지도 산신과 가장 강력한 상호 변형적 관계를 유지하고 있다. 그러므로 이 책은 불교와 토속신앙이라는 두 문화적 요소의 관계에 가장 많은 지면을 할애하게 되었고, 이 책에 수록된 사진도 대부분 불교 사원에서 찍은 것이다.

한때는 전 세계적으로 전통적이고 광범위한 명산 숭배 전통이 있었다. 한국의 산신 전통이 그 중에서도 독특한 이유는 전체적인 문화에 중추적이

고 막강한 역할을 담당했고, 현재까지도 끈질기게 유지되고 있기 때문이다. 산신이 지금과 같이 세계적인 인정을 받지 못한다는 것은 확실히 부당한 일이다. 나는 여기에서 국내적, 국제적인 두 가지 예를 들고자 한다. 1) 베른바움(Bernbaum)의 저서 '세계의 영산(*Sacred Mountains of the World*)'은 중국과 일본에 각기 한 장을 할애하고 있으나 한국에 대한 언급은 전혀 없다. 그러나 한국의 명산 숭배의 전통은 역사적으로 이 두 나라와 비견할 뿐 아니라 현대에는 더욱 강력한 영향력을 발휘하고 있다. 2) KOREANA 잡지(한국국제교류재단 출간)가 '한국인의 삶과 문화의 관점에서 본 산(Mountains in Korean Life and Culture [V.8 #4])'을 특집으로 다룬 책에서도 산신에 대한 언급은 전혀 없다. 아시아 종교와 철학 연구에서 한국을 완전히 배제하고 있는 것은 통탄할 일이다. 많은 저자들이 마치 동북아시아에서 들여다볼 만한 가치가 있는 나라는 단 두 나라뿐인 듯이 저술하고 있다. 그리고 한국의 문화에 대해 저술하는 한국의 저자들조차 대부분 산신의 존재를 불공평할 정도로 무시하거나, 최소화하고 피상적으로 다루고 있다.

나는 이 책이 이렇듯 계속되는 무관심을 저지하고 새로운 관심을 불러일으키는 계기를 제공할 수 있기를 희망한다.

3. 명산 숭배의 단계

조자용 박사는 중국 도교의 개념과 신들, 그리고 상징들을 한국에서 자생하던 종교적 믿음과 합해 '도교적 무속'이라고 정의했고, 다른 연구자들은 이를 '민속 도교'라고 정의했다. 이 믿음의 영역에는 다양한 반신반인적이며 자생적인 존재들이 있는데, 이들은 인간과 신의 중간에 존재하며 두 영역 사이에서 중재자 역할을 한다. 이 장에서 다루게 될 단계는 이들 사이의 관계를 명확히 밝히고 각 용어를 정의하기 위한 것이다. 이는 전적으로 나의 생각으로 십여 년간 한국인들과 이야기를 나누고 가능한 자료를 조사하는 중에 깨달은 것이다. 따라서 인용할 만한 학문적, 또는 종교적 출처가 전혀 없음을 밝혀둔다. 나는 내가 수집한 다양한 자료를 이해할 수 있도록 정리할 필요성을 느꼈고, 한국의 명산 숭배가 어떤 형태로 진화했으며, 서로 또는 다른 종교적 전통과 어떤 식으로 상호 작용을 했는지 설명하고 이해하기 쉽게 체계를 잡아야만 했다. 이것이 내가 이런 식으로 이야기를 풀어 나가는 이유이다. 물론 때로는 이러한 카테고리에 들어맞지 않는 자료도 있고, 정확한 한계를 정의할 수 없는 경우도 있다. 하지만 그렇다고 해서 자료가 산신의 종교적 발현을 이해하는 도구로서의 역할을 잃지는 않으며, 오히려 산신이라는 존재 자체가 분명하게 정의할 수 있는 것이 아님을 강조해 줄 뿐이다.

이 책을 저술하는 동안 나는 나름대로 한국 산신의 모든 발현과 산신 숭배를 종적으로 세 단계로 분류하는 이론을 세우게 되었다.

내가 '저급 단계'로 정의한 첫 번째 단계는 원시적이고 직선적인 민속적 자연 숭배에서 오는 명산 숭배다. 즉, 서낭당 같은 소박하고 특정한 모습이 없는 상징 앞에 기원 또는 숭배의 표시로 간소한 제물을 바치거나 기도하는 것을 말한다. 이 단계에서 산신은 의인화되거나 동물의 형상을 하지 않으며 가장 단순한 상징적 표현을 통해 산 자체를 경배한다. 이 경우 특이하거나 신령스럽다고 생각되는 것은 나무, 절벽, 호랑이, 돌무더기, 또는 바위 등 산에 있는 자연적 존재인 경우가 많다. 이것은 특정한 산, 또는 산이 많은 지역을 객관적으로 신격화하는 것이며, 한국의 농촌 마을, 고개 및 기타 수호신의 사당이 여기에 포함된다.

'중급 단계'에서 산신은 막연하게 인격화되어 그림, 조각, 부조 등에서 전형화된 인간의 모습으로 등장한다. 그러나 여전히 일반화되어 있고, 한국의 산 전체나 불특정한 산을 대표하는 경우가 많다. 이 단계에는 신선, 산신 도사 등이 등장하며, 불교의 신중 탱화, 수호신 그림에 일반화된 인간과 산의 이상적인 상호관계의 상징으로 나타난다. 이들은 불교의 상징화에서 용왕이나 사천왕 등과 같다. 이러한 상징들은 실제로 '경배'하는 대상이라기보다는 무당들의 신내림 과정에서 사용되며 불교 승려나 유교 학자들, 일반인들이 '존중'하는 존재이다.

'고급 단계'는 완전하고 개별적으로 인격화된 산신으로, 산신 탱화나 산신도 초상에 나타난다. 대부분 다양한 상징을 포함하고 예술적으로도 매우 가치가 있다. 이들은 특정한 산이나 고산 지대의 특성한 산신을 표현하며 이름과 모습은 때로 역사적인 인물에서 유래한다. 또 한국의 신화나 전설에 등장하는 산신들은 주로 이러한 '고급 단계'의 산신들이다. 이렇게 신화나 전설에 등장하는 산신들의 역할이나 탱화를 통해 표현되는 상징은 개별적인 특성을 가지며, 인간에 도움을 주는 존재들이다.

이러한 산신의 세 단계와 이들에 대한 경배는 책의 뒷부분에서 점차 명확히 정의될 것이다. 물론 한국의 여러 종교들 사이에 명확한 경계가 없는 것처럼 이들 사이에도 명확한 경계는 없다. 다만 내가 세운 이론적인 체계가 독자들이 다양한 산신의 발현을 이해하는 데 도움이 되기를 바랄 뿐이다.

제2장

산신의 도상학적 표현

태백산 남쪽 각화산 각화사에 있는 산신 탱화

산신의 도상학적 표현

1. 산신의 인격화

A. 정체, 특징 및 성격

한국인들은 모든 산에 혼이 있다고 믿었을 뿐 아니라 오래 전부터 이들을 인격화했으며, 필요한 경우 산의 혼이 인간이나 호랑이의 모습을 하고 나타날 수 있다고 믿었다. 이런 일은 꿈속에서도 일어날 수 있고, 단식 중이나 황홀경 또는 신들린 상태의 환상을 통해 나타나기도 하며, 특별한 사람들에게는 일반적인 상황에서도 보일 수 있다. 이론적으로는 어떤 종류의 인간으로도 나타날 수 있지만, 전설에서는 대부분 현명한 노인이나 아름다운 여인의 모습으로 나타난다. 한국 초기 역사가 가장 상세하게 기록되어 있는 삼국유사에는 이러한 일화가 여러 번 기록되어 있다. 그리고 간혹 나이든 여인의 모습으로 나타나는 경우도 볼 수 있는데, 젊은 남자나 어린아이의 모습으로 나타나는 경우가 전혀 없다는 것은 매우 흥미로운 점이다.

때때로 이러한 일은 역으로 발생하기도 한다. 일반인이 특정한 산의 '산신이 되는' 경우인데, (1)

죽은 다음 또는 (2)죽는 과정 중에, 아니면 (3)죽는 대신에 산신이 된다는 것이다.

첫 번째 경우의 예로는 전라북도의 선운산을 들 수 있다. 수백 년 전, 선운산의 선운사에는 쌍둥이 형제 스님이 있었는데, 생전에 자기들이 죽은 다음에는 쌍둥이 산신이 되어 선운산과 주변 지역을 보호하겠다고 선언했다 한다. 두 사람은 거의 동시에 자연사했고, 시신은 화장을 했다. 그 후 몇몇 마을 사람들의 꿈에 두 사람이 나타나 자신들이 선운산신이 되었다고 했고, 그때부터 마을 사람들과 선운사에서는 이들을 산신으로 모시게 되었다. 현재 이들은 선운산의 산신각과 암자에 걸려있는 산신 탱화에 승복을 입고 지팡이를 든 채 호랑이 한 마리를 거느린 모습으로 그려져 있다. 그러나 제단에는 이들의 그림과 함께 일반적인 산신 탱화도 걸려있어 이들이 기존의 산신을 대신하거나, 기존 산신과의 경쟁이나 갈등, 순위를 다투는 일 없이 그 역할을 보조하고 있음을 알 수 있다.

마찬가지로, 석탈해 이사금(재위 A.D. 57~80 전설적인 신라의 4대왕)도 죽은 후에 경주 동쪽의 토함산신이 되었다고 한다. 죽은 다음 혼이 되어

나라나 한 지방을 지킨다는 생각은 한국의 전설에 자주 나타나는데, 아마도 가장 널리 알려진 것은 신라의 문무대왕(재위 A.D. 661~681)의 경우일 것이다. 문무대왕은 죽은 후에 동해의 용이 되어 나라를 지킬 수 있도록 자신의 시신을 동해의 한 바위 밑에 매장하라는 유언을 남겼다.

이성계는 마이산(매우 영험한 힘을 지녔다고 알려진 전라북도의 쌍둥이 봉우리)에서 백일 간 기도를 한 뒤 산신으로부터 특별한 검을 받았고, 그 칼로 고려를 정복하고 조선을 세웠다고 한다. 이 태조는 죽은 다음 마이산의 산신으로 모셔지게 되었고, 두 봉우리 사이에 위치한 옥수사의 탱화에 그 모습이 남아 있다.

(왼쪽 위) 마이산 중앙에 있는 은수사가 소장한 산신 탱화. 이 탱화는 실제 인물을 모델로 한 것으로 생각되는데, 아마도 고위 관료 또는 태조 이성계가 아닐까 싶다.

(왼쪽 아래) 마이산신이 이성계에게 보검을 하사한다. 이성계는 이곳에서 산신기도를 드린 후 조선을 건국한다.

(오른쪽) 청계사의 신중 탱화. 산신이 도롱이를 입은 도문 경우로 단군왕검을 연상케 한다.

일월산 용화사의 창건주는 산신으로 묘사되었다.(2000년 촬영)

서울 삼각산 왕녕사의 산신상. 단군왕을 상징한다고도 하는데, 중앙의 산신부부상을 중심으로 한국의 9대 성산(聖山)을 상징하는 아홉 산신이 자리 잡고 있다.

위 사진의 산신부부상 맞은편에 위치한 왕녕사의 산신도. 아홉 산신과 한국의 9대 성산을 상징하는 아홉 마리의 호랑이가 그려져 있다.

또 다른 유명한 전설은 다음과 같다. 신라시대 중국에서 모반을 꾀하다 도피길에 오른 '주왕'이 현재의 주왕산(국립공원)에 와 숨었다. 그는 이곳에서 아들딸과 함께 금욕 생활을 하며 수련을 하여 깨달음을 얻게 되었다. 후에 그는 당시 신라왕의 명령으로 추적자들의 손에 잡혀 살해되었지만, 죽은 다음에 주왕산신으로 알려지게 되었고, 지금까지도 추앙받고 있다.

한국의 전설 속 인물들이 특정한 산의 '산신이 된' 경우도 있는데, 중국 도교에서 '불사신'이 된다거나 한국에서 신선이 되는 것처럼 이들은 이 세상을 떠나서 영적인 존재가 된다. 가장 널리 알려진 경우는 한국의 시조인 단군일 것이다. 단군은 고조선이 정복당하자 '산신이 되어' 왕위에서 물러났다. 다음으로는 고려(918~1392) 시조 왕건의 전설적 조상인 성골장군[1]을 들 수 있다. 그는 한 여자 산신이 사는 산에서 제를 올리다가 그 산신과 결혼하게

1 역자 주―성골장군은 원래 고구려에서 백두산으로 온 사냥꾼으로 이름은 호경이었다. 훗날 성골장군이 되니, 신라의 골품제를 이은 인물이 되기도 하고, 고구려에 뿌리를 둔 인물이기도 하다. 산신령의 도움으로 죽음을 모면하고 역시 산신이 된 호경이 아내를 잊지 못해 몰래 와서 자고 간 후에 낳은 아들이 왕건의 5대조인 강충이다. 전해기는 설화 가운데 이러한 유형의 이야기가 많으니, 당시 구전되던 이야기를 취한 것으로 보인다.

되었다. 산신과 부부가 된 그는 여신령과 함께 사라
졌고, 그 이후로 오랫동안 산신으로 추앙받았다. 그
는 신선이 되어 사라진 이후에 그의 전 부인의 꿈에
현몽했고 부인은 왕건의 선조가 되는 아이를 갖게
되었다.

　한국의 무속에는 무섭고 악의를 품은 하급신과
악마들이 등장하는데, 이들은 그 힘이 얼마나 강력
한가에 따라 달래어 돌려보내거나 힘으로 물리쳐
야 한다. 그러나 산신은 일반적으로 매우 긍정적인
존재들이다. 아이를 낳게 해주거나 행운을 주고 현
명한 조언을 해주는 등 인간에게 은혜를 베풀고 보
호해주는 존재로 그려진다. 즉, 자연의 막강한 힘
을 대표하며, 건강·힘·장수·풍요·지혜 등 인간
이 자연과 조화롭게 어울려 얻을 수 있는 긍정적인
결과를 상징하는 존재인 것이다.

　그러나 때로는 제단을 세우거나 제사를 지내는
등 선물이나 뇌물을 바라는 듯 보일 때도 있고, 인
간이 산신을 제대로 모시지 않거나 금기를 범하는
경우 질병·재난·부상·파산·죽음 등 불운으로 보
복하는 듯이 보일 때도 있다. 하지만 자료를 수집
하는 중에 단 한 번도 산신이 '사악하게' 행동한 예
나 이유 없이 사람에게 피해를 준 경우는 찾아볼
수 없었다. 마찬가지로, '흑마술'을 행하는 종교 집
단에서 사용하거나 저항의 마스코트로 등장하는
경우도 없었다. 내가 생각하기에 산신은 불손한
자들에게 직접적으로 피해를 준다기보다는 자비심
과 보호를 거두어서, 그 결과로 (하급의) 악령이나
(때로는 산신의 명령에 따라 움직이는 호랑이를
포함해서) 야생동물로부터 해를 입게끔 하는 것이
옳은 관점인 것 같다. 산신은 주로 전통적인 양반

강원도 홍천군 금룡사

의 모습으로 표현된다. 즉, 자신의 의무(자비로운
보호)에 충실하지만 엄격하고 독선적인 태도와 꼿
꼿한 자존심을 지니고 있으며, 자신의 지위와 중
요성을 자각하고 있다. 따라서 산신의 권위는 절
대적으로 인정하고 존중해야 하며, 적절한 감사의
표시를 하지 않으면 해를 입을 수 있다.

　이러한 산신의 성격은 신화와 전설에 가장 잘
드러나 있다. 보다 엄격하고 금기를 강조하는 전설
을 한 예로 들어보자. '연진'이라는 한 여인이 남편
'호야'와 함께 지리산 대성계곡에 살고 있었다. 두
사람은 자식을 간절히 원했지만 자식이 없었다. 어
느 날 그 계곡에 사는 곰이 연진을 찾아와 음양수
샘터라는 신비한 샘물이 있는 곳을 알려주면서 그
물을 마시면 아이를 가질 수 있다고 가르쳐주었다.
연진은 너무도 기쁜 나머지 남편과 상의도 하지 않
고 당장에 샘물을 찾아가 물을 잔뜩 마셨다. 그러
나 곰과 앙숙이었던 호랑이가 둘의 대화를 엿듣고

지리산신에게 달려가 고해바쳤다. 여신은 곰이 인간에게 비밀을 누설한 것을 알고는 화가 나서 곰을 동굴에 가두어버리고 호랑이를 '동물의 왕'으로 격상시켰다. 또 신성한 음양수를 훔쳐 마신 연진에게도 혹독한 벌을 내려 평생 동안 자갈투성이인 세석평전에 철쭉을 기르도록 했다. 불운한 연진이 손끝이 닳도록 힘들여 꽃을 가꾸며 흘린 피로 철쭉은 아름다운 짙은 빛을 띠게 되었으며, 오늘날까지도 연진의 애처로운 혼이 철쭉에 담겨있다고 한다. 연진은 생애를 마감하며 자신의 죄를 깊이 뉘우치고 천왕봉이 바라다 보이는 촛대봉에서 촛불을 켜놓고 무릎을 꿇은 채 여산신의 용서를 빌다가 바위로 변했다고 한다.

착한 사람을 돕는 자비로운 산신의 모습은 효자비석의 전설에서도 볼 수 있는데, 이 비석은 강원도 평창군의 가리왕산 서편에 있다. 약 300여 년 전, 한 마음씨 착한 어머니가 병이 들었는데, 가족들은 동해에서 나는 특별한 물고기 외에는 약이 없다는 사실을 알게 되었다. 험난한 태백산맥을 가로질러 동해까지 갔다 오려면 시간이 부족했고, 타고 갈 말도 없었다. 그러나 효심이 깊은 큰아들은 물고기를 구하기 위해 즉시 길을 나섰다. 아들은 길을 떠난 지 얼마 되지 않아 높은 고갯마루에서 호랑이를 만나게 되었다. 틀림없이 잡아먹히리라고 생각하는 순간 호랑이는 아들 앞에 무릎을 꿇어 엎드렸고, 아들이 올라타자 동해를 향해 내달렸다. 아들은 순식간에 동해안에 다다랐고, 물고기를 구한 다음 다시 호랑이를 타고 평창 고을 밖까지 달려왔다. 그는 집 근처 숲에서 호랑이 등에서 내린 다음 진심으로 감사를 표했다. 그러자 호랑이는 가리왕산신으로 변해 사라져버렸다. 아들은 집으로 돌아와 물고기를

요리해 친척들이 지켜보는 가운데 어머니에게 먹였다. 당연히 어머니의 병은 나았고, 가족들은 가리왕산신에게 풍성한 감사의 제를 올렸다.

그런가하면 조선시대의 학식 있는 벼슬아치들은 산신을 가볍게 생각하고 그 모습을 가지고 장난을 하기도 했다. 서울의 북쪽을 지키는 북악산은 무척 수려해 조선 초부터 사람들이 계곡으로 놀러 다니곤 했는데, 조선의 전성기인 16세기에는 북악산 북동쪽의 밀덕동굴 앞에 많은 비밀 움막이 생겨났다. 이 움막은 음란한 남녀들이 모여 밀회를 하는 곳(요즘 유행하는 '러브호텔'의 효시인 셈이다!)이었다. 이곳에 오는 사람들 중에는 양반 가문의 부인들도 있었다고 한다. 젊은 유학자인 이항복은 이러한 움막들에 대한 이야기를 듣고 크게 격분했다. 결국 정월 보름날 밤, 그는 기다란 흰 수염을 달고 가발을 쓴 후 자줏빛 도포를 입은 산신으로 분장했다. 그리고 날이 저물자 움막들이 내려다보이는 바위 위에 위풍당당한 모습으로 앉아있었다. 잠시 후, 북악산신에게 기도를 하러 간다는 핑계를 대고 집을 나온 여인들이 밀회 장소로 모여들기 시작했고 이항복은 그들을 향해 소리쳤다. "나는 북악산신이다! 너희들의 정성에 감복하여 너희들이 저지른 잘못을 용서하러 왔느니라! 그러나 감히 자신의 잘못을 감추려 한다면 큰 벌을 내리리라!" 놀란 여인들은 두려움에 떨며 자신의 죄를 세세히 고백했다. 다음 며칠간 이항복은 온 장안에 소문을 퍼뜨렸고, 수많은 양반 가문과 일반 가정에 풍파가 일어났다. 여인들의 비도덕적인 행실은 사회적으로 큰 물의를 일으키게 되었고, 왕은 비밀 움막들과 동굴을 허물어 없애라는 명령을 내렸다.

각 산신은 자신이 거주하는 산이 '왕' 또는 '영주'

선운사와 선운사 도솔암에 있는 두 명의 승려로 묘사된 산신 탱화. 일반적인 산신 탱화와 함께 걸려있다.

같은 존재였고, 보다 일반적인 관점에서 보면 그 산에 딸린 주변 마을과 땅을 다스리는 자연신 같은 존재였다. 따라서 계곡의 마을을 다스리는 관리들과 대비되는 존재라고 할 수 있다. 각 산신은 자신이 지배하는 특정한 산에 부합하는 이미지를 갖고 있었지만, 보다 광범위한 관점에서 모든 산신은 하나였고, 한국의 모든 자연을 지배하는 집합적인 신이었다. 이들은 하나인 동시에 여럿이고 개인적이며 집합적인 존재였다. 한국의 무속에서는 이러한 모순적인 개념이 전혀 문제될 것이 없다. 연구자 중에는 한국의 시조인 단군도 산신의 종합적인 존재로 볼 수 있다고 이 개념을 확대하여 해석하는 사람도 있다.

산신 탱화에는 산삼이 자주 등장하는데, 이는 산신뿐 아니라 국가 전체와 깊은 연관을 가지며 또한 산신의 성격을 밝히는데 중요한 역할을 한다. 한국의 인삼은 세계에서 가장 효험이 있는 약초로 인정받고 있으며, 동양에서는 고대로부터 그 효능을 인정받았다. 중국의 황제에게 보내는 선물에도 자주 인삼이 포함되었고, 요즘도 한국의 주요 수출품 중 하나로 꼽히고 있다. 산신이 인삼과 영지버섯을 들고 있는 모습은 두 가지로 해석할 수 있다. 첫 번째 해석은 산신은 자신의 건강과 장수(또는 영생)를 유지하기 위해 산삼을 복용하며, 산신을 정성껏 모시는 사람은 산삼을 얻을 수도 있다는 것이다. 두 번째 해석은 산신을 약사여래불(병을 치유하는 보살)과 같은 존재로 보는 것이다. 무속의 도상학적 표현에서 인삼 뿌리를 들고 있는 것은 '목숨을 살리고 죽음을 물리친다'는 의미이다.

충청남도 금산군은 한국에서 인삼을 가장 많이 재배하고 판매하는 지방인데, 이 지역 군성에서 석

극적으로 홍보하고 있는 이 지방의 전설에 따르면 한국인들에게 인삼 재배를 처음 가르쳐 준 것이 바로 산신이었다고 한다. 이 지방에 사는 한 젊은이의 어머니가 중병을 앓고 있었는데, 어떤 치료도 효험이 없었다. 젊은이는 진악산[2]에 올라가 봉우리 가까이에 있는 동굴에서 산신에게 기도를 드렸다. 정성을 다해 기도를 올리자 산신이 나타나 그에게 인삼을 통째로 주면서 뿌리를 달여 약을 만들고 씨앗을 심어 인삼을 재배하는 법을 가르쳐 주었다. 물론 어머니의 병은 씻은 듯이 나았고, 젊은이는 진악산의 동쪽 비탈에서 처음으로 인삼을 재배하기 시작했다고 한다.

나는 1997년 5월에 진악산에 올라 그 동굴을 찾아보았다. 드넓은 금산 계곡에서 곧장 600m를 올라간 곳에 자리 잡은 동굴 아래로 펼쳐진 계곡의 풍경은 참으로 아름다웠다. 나는 그곳에 사는 한 노파를 만났는데, 그분은 자신을 '만신'이라고 소개했다. 3년째 진악산에 살면서 굿을 하는데 도움을 줄 영험한 신이 내리기를 빌고 있다고 했다. 그녀는 내가 그곳까지 온 것에 무척 놀라는 것 같았지만, 내 질문에 자세히 대답해주고 사진을 찍는 일에도 적극 협조해 주었다.

---

2 금산군 남쪽에 위치한 높이 732m의 험한 산으로 진락산이라고도 한다. 이 산에 두 개의 사찰과 두 개의 암자가 자리 잡고 있어 산신각이 네 채 서 있으며 몇 개의 산신단이 마련되어 있다. 뿐만 아니라 뒤에 언급할 동굴도 자리 잡고 있는데, 이런 동굴은 잘 알려지진 않았지만 산신 신앙에서 중요한 역할을 담당한다. 진악산을 찾는 사람들은 거의 없다. 일반인들은 민속 신앙과 관련이 깊은 곳을 은연중에 두려워하기 때문에 만신이거나 그 추종자가 아니면 이런 곳을 거의 찾지 않는다. 그래서 한국인들 중에서도 진악산에 가 본 사람은 얼마 되지 않을 것이다. 이곳은 국립공원이나 도립공원으로 지정되어 있지도 않다.

이 전설은 인삼의 최초의 의료적 쓰임과 첫 재배를 같은 시기로 연관시켰다는 점에서 다소 예상 밖이었다. 다시 말해 산속을 헤매며 인삼을 찾던 한국의 오랜 전통이 무시된 것이다. 영지버섯이나 다른 약초들도 그렇지만 사람이 기른 것보다는 깊은 산에서 직접 캐는 산삼(야생 인삼)이 보다 효과가 있다고 알려져 있어 가격도 비교할 수 없이 비싸다. 신통력이 있는 (강력한 산신이 있거나 풍수적으로 신령한) 산에서 몇 년 이상 자란 산삼은 특히 효과가 좋은 것으로 생각되어 가격도 높아진다.

한국의 심마니들은 약초를 캐는 사람들 중에서도 정예로 꼽히는 사람들로, 며칠에 걸쳐 인적 없는 산을 헤매며 산삼을 찾는데, 출발하기 전에는 목욕재계를 하고 산신에게 제를 올린다. 산신이 남성인 산에서는 여성적인 기운을 선호한다고 생각해 여인들의 월경대를 몸에 지니기도 한다. '진실된' 심마니에게 산신이 꿈에 나타나 산삼이 있는 곳을 가르쳐 주어, 다음날 수백 년 묵은 산삼을 찾아 일확천금을 얻었다는 이야기는 전설뿐 아니라 오늘날에도 셀 수 없이 많이 전해진다.

B. 성별

많은 학자들이 고대에는 산신이 거의 모두 여성이었다는 데 동의한다. 그러나 현재 남아 있는 대부분의 사찰이나 암자의 그림 또는 조각에서 산신은 할아버지로 표현되어 있다. 이러한 변화는 지난 5세기에 걸친 유교와 기타 가부장적 전통의 유입으로 인한 것으로 보인다. 여산신은 산각시, 성모, 산마수라, 산신할미, 산신할매 등의 이름으로

지리산 남쪽 쌍계사에 있는 유명한 여성 산신 탱화

불리기도 한다.

현재 남아 있는 조각이나 그림 중 여산신으로 표현되었거나 또는 남녀 산인이 함께 있는 것은 극히 적어서 내가 찾아낸 600여 점 중에서도 10%가 채 되지 않는다. 또 이들 대부분은 단 세 곳, 서울의 수락산, 대전 근처의 계룡산, 그리고 지리산 동쪽의 천왕봉 기슭에서 찾은 것이다. 그 중 가장 유명한 것은 천왕봉 남쪽의 삼신봉 쌍계사의 것으로 이 사찰의 산신은 후덕한 부인이다.

실제로 지리산(지리산은 '지혜와 이치의 산'이란 뜻이다) 천왕봉 성모할매는 천왕봉의 여산신이다. 지리산에는 이 여산신 하나만 있다고 믿는 사람도 있고, 실제로는 부부 산신으로 천왕이 남편이며 성모할매는 부인이라고 믿는 사람도 있다. 지리산의 사찰에는 부부 산신의 그림이나 조각을 모셔놓은 산신각이 있기도 하다.

어느 쪽이든 지리산의 산신은 일곱 또는 여덟

(왼쪽) 지리산 천왕봉 성모할매 산신상. 최근에 지방 행정단체에서 법계사 입구에 새로 세운 것이다.

(가운데) 새로 세워진 지리산 천왕봉 성모할매 산신상의 세부 사진. 지리산 성모할매는 오래전부터 '한국의 어머니'로 인식되어 왔다.

(오른쪽) 원래의 지리산 천왕봉 성모할매 산신상. 원래는 산봉우리에 모셔져 있었는데 지금은 천왕사에 안전하게 보관되어 있다.

천왕사에 있는 지리산 산신도. 전형적인 할아버지 모습의 산신이 호랑이를 거느리고 여보살이 또 다른 호랑이 위에 서 있는 독특한 구성이다. 남자산신령이 천왕산신의 남성성을 대표한다면 여보살은 성모할매 산신의 여성성을 대표한다고 할 수 있다.

딸을 두었다고 하며, 이 딸들은 한국 전역의 토속 문화에서 용한 무당으로 나타나는데 이러한 현상은 도교의 옥황상제와 용왕에서도 볼 수 있는 것이다. 이러한 전설은 초기 신라시대부터 현재까지 귀속이나 일반인들뿐 아니라 왕속까지도 믿고 신봉

해온 것이다.

천왕봉(남한에서 가장 높은 해발 1915m의 봉우리)의 한 암자에는 화강암 성모할매 동상이 있는데, 높이 1m가 안 되는 이 소박한 동상은 넓적한 얼굴을 한 후덕한 여인이 전통 한국 여인의 자세로 다리를 꼬고 앉아 가슴 앞에 두 손을 모으고 있다. 1970년대에는 이 암자가 무너지면서 동상이 계곡 아래로 굴러떨어졌다. 천왕복의 남쪽 기슭(법계사 입구의 작은 계곡)에 있는 천왕사의 주지의 말에 따르면 광적인 기독교 신자들의 행위였다고 한다. 그는 10년 이상 가파르고 초목이 우거진 계곡을 뒤진 끝에 1987년 이 동상을 찾아냈다. 이 지역 관청에서는 동상을 살펴보고 진품이라 판정했고 민속자료 제14호로 지정해 다음과 같은 팻말을 붙여 놓았다.

지리산 성모

고대로부터 사람들은 이 여신이 하늘과 땅과 대화하는 능력이 있다고 생각했다. 이 여신은 지리산의 수호신이다.

수많은 역사 기록과 문학에서 성모에 대한 기록을 볼 수 있는데, 15세기에 출판된 '동국여지승람'과 20세기에 출판된 이능화의 '불교사'를 예로 들 수 있다. 15세기 말의 학자 서거정은 '동문선'에서 고려의 개국에 큰 역할을 한 도선 대사(827~898)가 지리산의 천왕성모에게 기도를 드렸다고 기록했다. 또한, 15세기의 뛰어난 성리학자인 김종직이 천왕봉의 성모 암자를 방문해 날씨가 좋아지도록 기도했다고 기록하고 있다(이 인용문은 필자가 요약 정리한 것이다).

1년 전, 새로운 성모상이 근처에 세워졌는데, 동상 옆에 있는 큰 비석에는 조선일보의 논설위원인 이규태 씨가 쓴 흥미로운 헌정사가 적혀있다.

지리산 성모상(聖母像)

삼국시대의 조상들은 크고 높은 영산의 정상마다 천심(天心)과 인심(人心)을 잇는 여신을 좌정시키고 이를 섬겼다. 삼신산(三神山)의 하나인 지리산의 여신은 성모(聖母) 또는 보다 높여 천왕(天王)할머니로 불려오면서 많은 조화를 부렸다. 그 신체(神體)인 성모상을 후대까지 보존시켜 내린 우리나라 유일한 여신이기도 한 성모는 시대의 흐름에 따라 여러 측면으로 영합되어 우러름을 받아왔다. 불로장수와 만사형통을 관장한다는 중국의 신선 마고(魔姑)로 숭앙받기도 하고, 고려 태조 왕건(王建)의 어머니 위숙왕후의 기도로 삼국통일의 위업을 이루게 했다 하여 왕후와 동일시했던 성모이기도 하다. 이태조(李太祖)가 등극 전에 지리산 깊이 쳐들어온 왜구와 싸울 때 대첩을 거둔 것이 이 성모가 운무를 조작한 신조(神助) 때문이라 하여 호국백(護國伯)이라는 벼슬을 내렸고, 이에 왜적은 성모의 신체에 칼질을 하여 보복을 했다. 한국 무속의 기원 설화에 보면 성모는 딸 여덟을 낳아 무술(巫術)을 가르쳐 팔도에 퍼뜨린 한국 토속 신앙의 조상이기도 하여 민복(民福)을 기원하는 신상이 돼오기도 했다. 일제 때 이 성모상은 배일(排日) 여신상이라 하여 골짜기로 버려지는 등 수난을 받았는데, 만신창이가 되고 마모된 것을 찾아 천왕봉에 모셨다가 지금은 도 문화재 자료 14호로 지정되어 천왕사에 모셔져 있다. 산청군 신천면민들이 정성을 모아 중산리에 새 성모상을 실제보다 크게 제작하여 2000년 8월 6일 이곳에 모심으로써 통일과 호국과 민복의 영험을 계승토록 하고 여기 사적비를 세운다.

설악산 같은 날카롭고 바위가 많은 산은 양기를 품고 있다고 하고, 지리산은 산세가 둥글고 완만하여 음기를 품은 산으로 여겨진다. 그러나 산의 모양이나 분위기만으로 산신의 성별을 간단히 알아낼 수는 없다. 계룡산(꿈틀거리는 용의 머리에 닭 벼슬이 달린 것 같이 보인다고 해서 붙여진 이름)을 예로 들면, 계룡산은 어떤 산과 비교해 보더라도 가파르고 바위가 많기로는 뒤지지 않지만, 여산신이 사는 것으로 알려져 있다. 계룡산을 여러 번 찾아가면서 만난 사람들은 누구나 계룡산신이 여인이라는 점에 동의하였지만, 그곳에서 찍은 산신 탱화는 노인의 모습을 하고 있는 것이 많았다. 그러나 이런 일은 놀라운 일도 아니며, 전통 한국의 심리에 전혀 모순이 되는 일도 아니다.

봉선사의 월운 스님은 산의 모양과 산신의 성별

은 전혀 관련이 없으며 오히려 만신의 환상에 보이는 모습을 따르게 되는데, 대부분 실존 인물에서 유래한다고 하였다.

또 하나 확실한 여산신은 선도성모(仙桃聖母: 불로복숭아성모)인데, 신라의 전설에 자주 등장하는 선도산의 수호 여신이다. 선도산은 경주 서쪽에 있는데, 지금도 경주시를 수호하는 산으로 여겨진다. 선도성모는 원래 중국의 공주로, 고대 진한 시대 도교의 신선이 되어 당시 서산으로 불리던 이 산으로 왔고, 신라의 시조 박혁거세[3]를 낳은 후 서산(후에 선도산으로 이름이 바뀌었다)의 산신이 되었다고 한다. 신라 초기에는 가장 중요한 산신이었고 가장 융숭하게 제사를 모셨다. 그런데 후에 선도성모는 불교를 포교하는 여산신이 되었다. 선도성모를 지리산의 천왕봉 성모와 동일한 존재로 보는 학자들도 있다.

삼국유사에는 산신이 아름다운 여인으로 등장하는 경우가 여럿 있다. 신라의 장군 김유신이 여행을 하는 중에 세 명의 여산신과 친해졌고, 이들은 나중에 자신들이 신라의 성스러운 세 수호산의 산신임을 밝힌 후, 김유신을 암살하려는 자의 정체를 알려주었다는 이야기도 있다.

그보다 좀 더 최근의 이야기는 서울에서 일어났다. 임진왜란(1592~1598) 중에 일본군이 삼각산의 노적봉 아래 주둔하고 위쪽 북한산성에 남아 수호하던 조선군을 공격할 준비를 하고 있었다. 그들은

---

3 박혁거세는 기원전 57년에서 기원전 4년까지 생존하였다고 하는 전설적인 신라의 시조이다. 가야국의 시조인 수로왕의 어머니 역시 산신이었다고 한다.

지리산 북쪽 상무주암의 산신 탱화. 아주 드물게 젊은 여인의 모습을 하고 있다.

수락산 연원암 아래 아주 호젓하게 자리 잡고 있는 중년 여인의 모습을 한 산신 탱화. 이 산신각은 북한산을 향하고 있다.

또 하나 아주 드문 여성 산신 탱화가 충청북도 금수산의 잘 알려지지 않은 무속 사원에 모셔져 있었다.

계곡의 물이 우윳빛으로 변하여 물을 먹을 수 없었다. 그때 한 노파가 지나가다 물이 뿌연 이유는 상류에서 쌀을 씻고 있기 때문이라며 먹어도 괜찮다고 알려주고 사라졌다. 그 물을 마신 일본군은 모두 죽고 말았다. 물이 뿌옇게 된 것은 조선군이 석회를 풀어놓았기 때문이었다. 그 노파는 삼각산 또는 노적산의 산신이 현신한 것이라고 한다. 이 이야기에서는 한국의 산신이 지역 사회, 또는 국가를 지키는 존재이며 때로는 침략자를 속여 살해하는 역할까지 하고 있음을 보여준다.

여산신은 주로 가까운 곳에 있는 남자 신선과 결혼을 했다고 생각되는 경우가 많았다. 서울에서 풍수지리적으로 중요한 백악산 꼭대기에는 여산신 '정녀부인(정녀는 진실되고 정숙하며 성품이 바른 처녀, 또는 정조있는 여인을 의미)'을 모신 백악사가 있었는데, 이 정녀부인을 정남쪽에 있는 남성 산신인 목멱산(지금의 남산)의 '국토신'과 매년 영적으로 맺어주는 의식이 열렸다. 이들은 힘을 합해 서울과 조선 왕조를 보호했다. 백악산 남동쪽 기슭에는 거대하고 두드러진 바위가 있는데, 이 바위는

부인의 등에 업힌 아기를 상징한다고 생각되었고, 서울의 지명 몇 개를 풍수지리상으로 이에 맞게 바꾸기도 했다.

한 설화에 따르면 경솔하고 광적인 유학자 권필이 '민속 미신'을 경멸하여 1591년 어느 날, 여신의 탱화를 훼손하여 모독했다고 한다. 그러자 그의 꿈에 정녀부인이 나타나 분개하며 전 국토가 보복을 받으리라고 선언했다. 바로 그다음 해, 임진왜란이 일어나 서울을 비롯한 전 국토가 전운에 휩싸이게 되었다. 권필 역시 불운이 계속되어 함경도로 귀양을 가게 되었다. 귀양을 가는 도중 다시 정녀부인이 꿈에 나타났고, 권필은 다음 날 아침 자리에서 일어난 후 곧 죽고 말았다.

마을의 수호신으로 추앙받는 산신은 지금도 자주 여성으로 간주되어, 제사를 주도하는 남성은 제사를 올리기 전 일정 기간 동안 부인과 잠자리를 하지 않으며, 암자에서 남자가 직접 밥을 지어 올린다.[4] 이것은 한국 무속의 일반적인 성적 보완 관계를 나타내는 것으로 고대 여성상위 사회에서 유래하는 것이다. 그레이슨 교수는 산신이 자주 여성으로 나타난다고 하는데, 이 현상은 최근 천 년간보다 그 이전에 두드러지게 나타났다.

김회우 교수는 이런 구분을 시도하였다. 대부분의 남성 산신은 어떤 특별한 이유 또는 깨달음을 달성하여 죽은 다음에 산신이 된 경우인데 비해, 여성은 일반적으로 '원래부터 산신'이었고 '죽은 다음에 산신으로 환생한' 경우가 아니라는 것이다.

---

4 이렇게 (낮은 계급인) 여성이 행하던 민속 의식을 (높은 존재인) 남자가 행하는 것 역시 유교의 영향이다. 일상 생활에서 남성이 남을 위해 밥을 해서 먹이는 일은 거의 없다.

내가 조사해 본 설화를 볼 때도 이러한 이론은 대체적으로 맞다고 할 수 있지만, 절대적인 '규칙'이라고는 할 수 없다.

나는 조계종의 원로인 신원사의 묘봉 스님의 이론에도 관심을 갖게 되었다. 스님의 말씀에 따르면 한반도의 동쪽을 따라 흐르는 태백산맥의 영산들(백두산, 칠보산, 금강산, 설악산, 오대산, 태백산, 일월산, 주왕산, 단석산, 가지산 등)에는 남성 산신이 있으며, 한반도의 중앙 및 서쪽의 영산들(묘향산, 송악산, 북한산, 수락산, 치악산, 계룡산, 속리산, 모악산, 가야산, 지리산)에는 여성 산신이 있다는 것이다. 이 두 그룹의 산들 사이에는 음양을 가르는 기가 흐르고 있어 전 국토의 화합과 그 위에 사는 인간들의 발전을 가져온다는 것이다. 음양의 흐름에 있어 남성과 여성 산신들은 한국의 정신적인 '아버지'와 '어머니'의 역할을 한다고 볼 수 있다. 이 이론은 매우 세련된 이론이라고 할 수 있지만, 실제로 산을 숭배하는 사람들이 얼마나 이런 이론을 믿고 있는지는 알 수 없다. 또한, 이 이론은 남성인 단군이 북한의 중앙에 있는 묘향산의 산신이 되었다는 전설과 부합하지 않는다.

현대 한국인 중에는 여성으로 간주되는 속리산과 지리산을 포함하는 소백산맥을 강력한 지기(地氣)가 흐르는 한반도의 등뼈인 백두대간에 포함하는 사람이 많다. 만일 이 등뼈가 '남성'이라고 한다면 앞의 이론에 정면으로 배치되는 것이다. 그렇다면 백두대간의 위쪽 삼분의 이는 남성이고 아래쪽 삼분의 일은 여성이라고 할 수 있을 것이다.

그밖에 내가 여행 중에 들은 그럴듯한 이론이 있는데, 모든 주요 산에는 실제로 '내부'에 숨어 은밀하게 존재하는 산신과, '외부'로 드러나 공개되는 두 산신이 함께 존재한다는 것이다. 대부분의 경우 그림이나 동상에 나타나는 '외부'의 산신이 남성이며, 충실한 신앙인들이 섬기는 '내부'의 산신은 대부분 여성이라는 것이다. 이 이론은 마치 부부가 가정의 화합을 이루듯 산의 음양의 균형을 유지하는데 있어서는 이치에 맞는다. 또한 대개 남편들은 사회적 위치와 '외적인' 힘을 구사하고 아내는 집안에 머무르며 가정의 경제와 육아를 책임지는 한국(대부분의 아시아 국가)의 전통적인 사회 형태를 반영하기도 한다. 수락산, 계룡산, 지리산 등 몇몇 산의 경우는 여성이 '외부'에 드러나고 남성이 내부에 존재한다. 내가 수집한 사진 중에도 남녀가 동등하게 각기 호랑이를 거느리고 권력의 상징을 손에 들고서 함께 있는 산신 탱화가 몇 점 있다.

묘봉 스님의 이론을 떠나 내 스스로 내린 결론은 현재까지 숭앙받고 있는 특정 산들(내가 규정한 고급 단계의 명산 숭배의 대상들)의 산신의 성별은 예술 작품들에서 지질학자의 판단이나 무당의 경험에 의한 지형적 또는 지질적 특성을 기초로 약간은 임의적으로 남성 또는 여성(젊거나 늙은)으로 성별이 부여되어 성별에 따른 대우를 받는다는 것이다. 그리고 이러한 성별은 시간이 흐르며 바뀔 수도 있다. 그러나 산신의 집합적이고 수호신적인(중급 단계) 역할이라는 관점에서는 남성과 여성의 구별이 모호하며, 한국 무속에서 이러한 특성은 중요한 문제가 되지 않는다. 자연은 인간의 고정된 성별 역할을 초월하는 존재이며 마음먹은 대로 나타날 수 있는 존재이기 때문이다. 그러므로 이 책에서는 확실히 성별이 부여된 산신들 이외에는 성별에 대해서는 언급하지 않기로 한다.

2. 산신의 초상화와 상징

A. 돌과 그림

산신은 한국의 역사에서 수없이 돌이나 나무에 새겨지고, 석회와 시멘트로 주조되었고, 종이나 비단 또는 벽에 그려졌지만, 그 형태의 변형은 극히 제한적이라고 할 수 있다.

가장 소박하고 원시적인 단계(내가 규정한 저급 단계)에서는 바위·산신단·서낭당 등으로 대표되며, 바위 아래 또는 움푹하게 들어간 곳에 간단한 제단을 만들어 모시는데, 촛불 두세 개를 켜놓고 정한수 한 그릇을 떠놓은 다음 그 앞에서 기도를 한다. 이러한 제단을 산신단이라고 하며, 편편한 자연석인 경우가 많다. 산신단은 바위 아래뿐만 아니라 무덤 옆, 또는 사찰의 암자 옆에 산봉우리를 향해 놓여있다. 이러한 산신단에는 제사를 지내고 남은 음식을 숲의 야생 동물들이 먹도록 올려놓기도 한다(야생동물은 산신의 보호를 받는 존재이다).[5]

서낭당은 돌무더기인 경우가 많다.[6] 세 개 이상의 돌을 수직으로 탑처럼 쌓아 올리거나 오래된 (신성한) 나무에 기대어 쌓기도 하는데, 경우에 따라 수백 개의 돌이 거대한 돌무더기를 형성하기도 한다. 이러한 돌무더기는 전국 어디서나 찾아볼 수 있는데, 주로 길가나 오솔길 옆 또는 사찰 옆이나 산꼭대기에 있다. 지나가는 사람(또는 등산객)들은 이러한 탑이나 돌무더기에 '행운'을 빌며 돌을 하나 올려놓곤 하는데, 점차 숫자가 줄고 있지만 산신의 전통을 잘 아는 사람은 그 앞에서 절을 하기도 한다. 이러한 돌무더기는 사람에 따라 여러 가지 '의미'를 지니는데, 하늘의 기를 받기 위해 천상을 향해 쌓아올린 탑으로 보는 사람도 있고, 소박한 형태의 돌탑(불교의 석탑)으로 보기도 한다. 또 자연신에게 행운을 비는 의미로 해석하거나 유명한 신화 속의 인물을 나타내는 동상으로 보기도 하는데, 어느 해석이든 직접적 또는 간접적으로 산신과 연계되어 있다는 점에서는 의견을 같이하고 있는 셈이다.

서낭당은 또한 전통적인 한국 농경 마을의 수호신을 모신 사당을 의미하기도 하여 혼동이 올 수

---

5 보통 절에 가면 '고급 단계' 산신을 모신 탱화나 제단 옆에 부수적으로 야외에 약식 제단이 마련된 것을 볼 수 있는데, 이것 역시 내가 세운 3단계 이론을 증명하는 것이 된다. 만약 이것이 다 똑같은 기능을 가진, 똑같은 신을 모시는 제단이라면 이렇게 두 개의 제단을 마련할 필요가 없다.

6 'Cairn'이라는 단어는 '자연석으로 쌓아올린 인공적인 돌무더기, 혹은 기념물'이라는 뜻인데 이것이 가장 적당한 영단어가 아닐까 한다. 이러한 관습은 아주 오래전부터 지금까지 전해져 내려오는 한국의 풍습인데 지역이나 목적에 따라서 다양한 이름으로 불린다. 그 중에서 가장 흔히 쓰이는 단어는 '돌무덤'인데 이것은 (한국의 조상 중 하나라고 할 수 있는) 유목민들의 매장 풍습에서 온 것이다. 유목민들은 흔히 시체 위에 돌을 쌓아올린 다음, 그 위에 풀이 있는 흙을 덮었다. 그렇게 본다면 돌무덤에 절하는 한국인의 풍습은 원래 사자(死者)에 대한 경배이거나 귀신을 무서워하는 것에서 비롯되어 그 지역 산신께 경배하는 것으로 변화된 것인지도 모른다.

금오산 봉우리에 있는 산신 돌탑

진악산 북쪽에 있는 유명한 기도처
근처에 위치한 산신 숭배 돌탑

지리산 서쪽 노고단의 아름다운 돌탑

도 있다. 현존하는 사당들은[7] 마을 입구의 길이나 산골짜기, 또는 마을 뒤편의 산기슭에서 찾아볼 수 있다. 이들은 밧줄로 여러 번 감아놓은 커다란 바위인 경우도 있고, 역시 밧줄로 감아놓은 돌무더기나 아름드리나무의 둥치인 경우도 있으며, 위패가 모셔진 제단이 있는 작은 목조 사당인 경우도 있고, 위에서 예로 든 여러 가지가 복합된 경우도 있다.

요즈음은 이러한 사당이나 제단, 돌무더기 등을 모두 서낭당으로 호칭하는 경우가 많다. 서낭

은 '불사신 왕'을 뜻한다고 볼 수도 있는데, 덕이 많은 왕이나 지방을 수호하는 '혼'으로 모셔지는 지방관리를 의미한다고 본다. 지역에 따라 다른 이름이 사용되기도 했지만 현대 문명의 물결에 휩쓸려 점차 사라지고 있는 추세이다. 예전에 사용되던 이름 중에는 산신당, 당산, 당나무, 당집, 국사당, 본향당, 할미당, 성모당 등이 있다. 마지막 두 이름은 여성을 호칭하는 것으로 다른 이름보다 오래된 것으로 볼 수 있다. 이름은 각기 다르지만 이들을 통한 믿음은 같다. 즉, 산신이나 마을의 수호신에 대한 믿음인 것이다.

솟대나 장승도 마을의 수호 신전에 포함될 수 있는데, 솟대나 장승 주변에는 문이 하나 달린 낮은 담장이 둘러있는 경우도 있다. 때때로 이러한 장소는 지역을 수호하는 가장 주요한 신령으로 산신을 대표하거나 산신을 모시는 경우도 있고, 때로는 다른 자연신이나 가문의 조상신 또는 기타 수호신을 나타내는 경우도 있지만, 이러한 상징이 모두 복합적으로 애매하게 섞여있는 경우도 있다. 한국

---

7 이런 풍습이나 사당은 1960년대 한국에서 농촌 지방을 현대화하는 이른바 새마을 운동을 시작하고부터 상당수가 사라졌다. 다행히도 최근에는 그 가치에 대해 새로운 인식이 싹트고 있다. 이는 고(故) 조자용 박사와 그 뜻을 따르는 사람들이 1980년대부터 벌여온 자칭 '헌마을 운동'에 영향을 받은 바가 크다. 오늘날에는 이런 마을의 서낭당들이 잘 보존되고 있으며 마을의 자랑으로 받아들여질 뿐 아니라, 옛날의 각종 의식들을 되살려 실행하기도 한다. 옛날 사당이 있던 자리나 그 옆에 새 사당을 세우는 경우도 있다. 여기에 항상 걸림돌이 되는 것이 한국 전통문화의 대부분을 부정하는 편협한 일부 기독교도들이다. 하지만 그들의 반대에도 불구하고 이런 사당들이 제법 세워지고 있다.

한국의 각지에 위치한 다양한 모습의 서낭당

노악산 동쪽 남장사에 있는 아주 오래된 돌장승

에서 이러한 연구를 하면서 항상 느끼는 것은 같은 질문에 대한 답이 마을마다 다를 수도 있다는 것이다. 그러나 그럼에도 불구하고 한국의 수만 개에 달하는 서낭당의 대부분은 직접, 간접적으로 산신과 연관이 있다.

다음의 상징적인 단계는 산신을 부르는 글을 한자 또는 한글로 써서 사당에 모셔두는 것이다. 이는 종이에 쓴 붓글씨일 수도 있고 나무나 돌에 새긴 것인 경우도 있다. 가장 흔히 쓰이는 문구는 '산왕대신'이다. 지리산 남서쪽의 천은사 뒤쪽 산기슭에 있는 석비가 좋은 예다. 이곳은 이 사찰의 산신당으로 사용된다. 이러한 상징은 일반적인 산신을 나타내는지 또는 특정한 산신을 나타내는지에 따라 '중급' 또는 '고급' 단계로 분류할 수 있다.

서울 남쪽 관악산의 새로운 장승들

지리산 남쪽 천은사 뒤에 있는 산신 비석

유명한 한국의 무당이 사용하던 산신도(국립민속박물관 소장)

한 노무당이 사용하던 부채. 산신을 비롯한 아홉 명의 주요 신을 그려 넣었다.

보다 예술적으로 세련된 단계에서는 기본적으로 의인화된 산신의 모습을 비단이나 무당의 부채에 그리거나 나무나 돌에 새겨놓는다. 단순하고 만화적인 이 그림들은 주로 호랑이를 거느리고 소나무 밑에 앉은 산신의 일반화된 모습에 경우에 따라 몇 가지 상징적 요소를 더한 것으로 보통 '산신도'라고 부르며, 무당들이 주로 사용한다. 역시 기본적인 모습을 나타내는 동상들은 '산신상'이라고 부른다. 이러한 것들은 대부분 '중급' 단계에 속한다.

대부분의 사찰(그리고 몇몇 무속 사당)의 보다 크고 세밀한 그림인 '산신 탱화'는 가장 화려하고 흥미로우며 개성있는 그림으로서, 현존하는 수천

점 중에서 완전히 같은 그림은 하나도 없다. 이들은 고급 단계에 속한다.

B. 그림의 기원

정확히 언제부터 이러한 그림이 그려지기 시작했는지는 알 수 없다. 현재 생존하는 가장 유명한 금어(金魚: 불화 화가)인 만봉 스님이 저자에게 해주신 말씀에 따르면, 산신 그림이 한국의 사찰에서 사용되기 시작한 것은 1400년대 '한국에 도교가 전파되면서부터'라고 알려져 있는데 확실히 증명할 수는 없다.

그러나 중국의 도교가 빠르게는 400년경부터 고구려에 전해지기 시작했다는 사실은 잘 알려져 있으며, 영산 숭배를 포함한 몇 가지 요소는 이미 불교화가 매우 발달해 있던 고려 왕조(918~1392) 때에 왕명으로 실행되고 있었다. 영산 숭배가 공적으로 또 지방의 무속으로 실행되고 있었다는 것은 분명하지만, 그 당시 산신의 그림이 있었는지는 알 수 없으며 그림이 있었다는 증거도 찾아볼 수 없다. 한국의 무속은 삼국시대부터 중국 불교와 도교

로부터 '특정한 신을 모시는 영구적인 사당'의 개념을 도입하고 있었다. 그러나 이러한 사당들과 왕이 후원하는 도교 의식에서는 신성한 호국 영산은 인격화된 산신의 그림보다는 유교 양식의 위패로 나타냈을 가능성이 많다.[8] 불국사나 그 밖에 삼국시대, 또는 고려시대의 사원의 고고학적 발굴에서도 산신당 건물을 확인할 수 없었고, 현존하는 사원 중에서도 50여 년에 걸친 참혹하고 파괴적인 침략 이후 많은 사원과 사당이 재건되던 시기인 17세기 중반 이전에 지어진 산신당은 찾아볼 수 없다.

17세기 이전에 제작된 한국의 무속 그림은 몇 개의 무덤 벽화 외에는 전혀 남아 있지 않으며 무덤 벽화 중에도 산신이 포함된 것은 없다. 특히 무속 그림들은 그 그림을 사용하던 만신이 죽으면 함께 태워버리는 풍습이 있어 그림이 남아 있지 않은 경우가 많다. 최근에 들어서야 오래된 무속 그림을 불에 태우지 않고 아껴야 한다고 생각하는 사람이 생기게 되었고, 오래된 그림들의 값어치가 크게 올라 이러한 그림의 도난이 국가적인 문제가 될 지경이 되었다. 가장 오래된 것으로 알려진 산신 그림은 서울 인왕산의 국사당에 있는 작은 그림인데, 1650년경에 제작된 것으로 전해진다. 현재 만신이 사용하고 있는 그림 중 가장 오래된 것은 약 100년쯤 된 것이고, 사찰의 사당에 모셔진 것 중 가장 오래된

인왕산 국사당에 있는 가장 오래된 것으로 알려진 산신 탱화

것은 200~300년쯤 된 것이다.[9] 17세기 이전에도 인격화된 산신의 상징이 있었을 수도 있지만, 현재는 증거를 찾을 수 없으므로 존재하지 않는다고 결론을 내릴 수밖에 없다.

---

8 중국의 전통을 따라서 산에다 호국을 기원하는 경우가 많았는데 이때 성스러운 숫자인 3, 5, 8의 산이 선택되었다. 이때 묘향산과 지리산은 절대 빠지지 않았으며 계룡산, 태백산, 치악산, 북한산, 백두산, 칠보산, 금강산도 자주 언급되었다(이 중 묘향산과 백두산, 칠보산, 금강산은 북한에 위치해 있다).

9 김회우 1996에서는 18세기 이전에 산신 탱화가 널리 퍼져 있지 않았다는 것을 분명한 증거들을 들어 설명하고 있다. Covell 1986, p. 22에서도 마찬가지이며 내가 조사한 바도 이에 크게 어긋나지 않는다.

18~19세기의 산신 탱화(국립민속박물관 소장)

18~19세기의 산신 탱화(국립민속박물관 소장)

약 90년 전 한국에 살던 기독교 선교사인 찰스 클라크(Charles Clark)는 다음과 같이 산신을 묘사했는데, 산신과 관련된 도상학적 표현이나 역할이 최소한 그 이후로는 크게 달라지지 않았음을 알 수 있다.

"산신. 산신은 한국의 바알 신이며 팔레스타인의 산속에 사는 신들과 그 성격에 있어 거의 동일하다. …… 이들은 다산의 신이며 특히 추수 직후에 숭배를 받는 존재이다. 이스라엘과 마찬가지로

보통 산꼭대기에는 작은 신성한 숲이 있는데, 이러한 숲에는 호랑이를 타고 있는 노인을 그린 그림을 모신 사당이 있다. 이 신령은 그 산과 주변의 모든 존재, 나무와 광물, 새들, 동물까지 지배한다. 약초를 찾는 심마니들은 특히 산신에 제사를 지낸다. 사냥꾼과 광부들도 산신을 숭배한다. 산 아래쪽 계곡의 작물은 산신의 은덕으로 자란다고 믿는다. 가뭄이 들면 산신의 사당 옆에서 굿을 벌이며, 소나 돼지, 개의 피를 바위 위에 흘려 붓는데, 그러면 산신은 피로 더럽혀진 바위를 깨끗이 정화하기 위해 비를 내리게 한다고 믿었다. 1895년 출판된 '한국: 역사, 풍습 및 예법(*Corea: It's History, Customs and Manners*)'의 저자 로스(Ross)는 "불교를 믿는 사람보다 산신을 믿는 사람이 많다. 이들이 산신을 숭

18~19세기의 산신 탱화(국립민속박물관 소장)

배하는 방법은 중국과는 많이 다르다"고 했다."[10]

　한국의 산신 숭배 형식은 중국과 판이하게 다를지 몰라도 중심 인물의 도상학적 표현은 중국에서 유래한 것이다. 나는 산신의 모습은 중국 도교의 '지상의 신'을 직접 따온 것이라고 생각한다. 중국의 도교 사원을 두루 여행하면서 모습이 흡사함을 직접 확인할 수 있었다.

10 Clark 1929, pp.199~200.

중국 운남성 북쪽 대리시의 북쪽에 위치한 실제 크기의 도교 지신상. (1990년 1월 촬영) 이 두 개의 동상은 공통적으로 오른손에 약이 담긴 호리병이 매달린 용 머리 모양의 지팡이를 들고 있으며, 왼손에는 금괴를 들고 있는데 이는 한국에서 무재로 변형된다.

도교가 널리 숭배되는 운남성 중앙 위산 지방의 실제 크기의 도교 지신상(1990년 1월에 촬영한 것인데 이 지신상을 발견하기 전에 필름이 떨어져서 그곳에서 구할 수 있는 필름이라고는 아주 질이 낮은 흑백필름 밖에 없었다.)

C. 영신(嶺神)

클라크 목사는 또 고갯마루에 옹이지고 비틀린 고목의 가지에 색색의 천을 매거나 둥치에 돌무더기를 쌓아 놓고 모시는 '영신'에 대해 언급한다. '지나가는 사람들은 각자 천 조각이나 돌을 더하며' 안전한 여행(호랑이, 강도, 또는 급작스러운 폭풍으로부터)을 빈다. 이러한 영신들은 산신의 변형이며, 통과하는 고갯마루의 이름을 붙인다. 요즈음은 한국 사람들이 걸어서 고개를 넘는 경우보다 차를 타고 지나는 일이 많고, 이들에게 닥칠 수 있는 위험의 종류가 달라졌기 때문에 이러한 영신 숭배를 찾아보기 힘들지만, 아직도 영신의 위패가 산신각(이곳에는 산신의 위패가 함께 모셔져 있는 경우가 많다)과 비슷한 작은 사당에 모셔져 있는 것을 볼 수 있다.[11] 그리고 이러한 사당들은 주로 고갯마루에 세워진 경우보다는 정상에 약간 못 미쳐 산길 한 옆에 서 있는 경우가 많다.

영신은 호랑이 그림으로 나타내는 경우는 있지만 다른 형태로 인격화되는 경우는 없으며, 산신과 별도로 존재하는 독립적인 신이 아니다. 가장 두드러진 예외로는 강원도 대관령의 수호신령을 들 수 있다. 대관령의 수호신은 국사서낭신이라고 하는데, 탱화에 그려진 모습은 일반적인 산신과는 매우 다르다(젊고, 장교 복장으로 말을 타고 있으며, 호랑이 두 마리를 거느리고 있다). 그 모습을 보면 호국 장군으로 추앙받는 신라의 김유신 장군을 나타내는 듯하다.

울릉도 태하령 고개에 있는 아름다운 노송

태하령의 도로 옆에 있는 조그마한 목조 산신각이 돌담에 둘러싸여 있다.

11 내가 직접 찾아낸 곳이 두 군데 있는데 그 중 하나는 울릉도의 태하령이며, 또 하나는 강원도쪽 지방도 998번 바로 옆, 선달산(1236m)과 구룡산(1346m) 사이에 있는 소백령에 서였다.

산신각의 내부 모습. 조그마한 제단의 오른쪽에는 태하령신이 모셔져 있고 왼쪽에는 산신이 모셔져 있다.

강릉시의 민속박물관의 모형. 단오제의 시작을 대관령신께 알리는 의식. 유교의 제관들이 제를 올리는 동안 뒤에서 무당들이 자기 차례를 기다리고 있다.

대관령신이 깃들어 있다고 믿는 나무를 앞세우고 강릉시로 내려오는 행렬의 모습. 시장이 맨 앞에 서고 그 다음에는 나무, 그 뒤로 무당이 행렬을 이룬다.

대관령신을 위해 매년 단오제(음력 5월 5일) 준비기간 중에 유교와 무속이 결합된 대대적인 제사 행사가 열린다. 사당과 그 옆에 위치한 산신각에서 열리는 기나긴 굿이 끝나면 신이 내린 만신은 영신이 깃든 어린 나무를 지적한다. 그 나무를 잘라 색색의 헝겊으로 장식한 다음 행렬의 앞에 세우고 시내까지 20km 거리를 행진한다. 현대화된 강릉시 '시내'의 서쪽에 있는 대관령 국사 여성

무경새재 도립공원의 주흘산 아래에 있는 첫 번째 고개. 이곳의 산신 도사 탱화는 이곳 고개신을 대신하기도 한다.

강릉시의 여성황에 모셔진 산신 탱화와 1996년 그곳에서 치러진 제

위는 모악사 신원암에 있는 산신 탱화로 아래에 있는 금산사의 탱화를 모사한 것으로 추측된다.

황사라는 젊은 여산신을 모신 산신각에 도착하면, 두 산신의 영혼이 결합하여 이 지역에 복을 내린다고 한다. 내가 아는 한, 완전하게 인격화된 영신은 이들 뿐이다.

D. 그림의 제작

산신 탱화는 주로 전문 탱화 화가에게 의뢰하는데 대부분 화가의 이름을 밝히지 않고[12] 지정된 도상학적 구성의 한계 안에서 작업을 하게 된다. 개인적인 표현은 세부적인 묘사에서 찾아볼 수 있을 뿐이다. 탱화는 세대에 따라 공통적인 모습이 반복적으로 나타나는데, 일반적으로 낡은 그림에서 주요 인물을 베끼거나 다시 그린 다음 세세한 부분과 색깔을 더한다. 이러한 탱화에서 반복적으로 나타나는 요소들은 자세히 설명하겠지만 완전히 똑같은 그림은 없다. 다른 그림 하나 또는 둘과 한 조로 구성되는 경우도 있는데, 이때는 주로 독성(獨聖)과 한 조가 되어 같은 전각 안에 모셔지는 경우가 많고 때로는 용왕(龍王)이나 칠성(七星) 탱화와 같이 자리하기도 한다.

전통적으로 산신 탱화의 개별적인 요소는 만신이 신들린 상태에서 본 환상을 따른다. 그러나 요즘은 이런 경우보다는 어떤 산, 어떤 사당에도 모실 수 있는 일반화된 그림이 많아지고 있다. 그러나 그렇다고 해서 각 그림의 독특한 개성이 사라지는 것은 아니다. 오히려 예술적인 면에서는 예전보

---

12 하지만 요즘은 이런 경향이 바뀌어 가는 것 같다. 최근 작품들은 한쪽 귀퉁이에 화가의 이름과 연대가 적혀있는 경우가 많다.

다 진보했다고 볼 수 있는데, 그림에 사용된 도상
학적 요소들은 여전히 한국의 무속과 도교, 신유교
와 불교에서 유래한 강력한 모티브와 상징을 포함
하고 있다.

　수세기에 걸친 산신 탱화에서 도상학적 또는 형
식의 변화는 거의 찾아볼 수 없다. 예전이나 지금
이나 배경과 주변 인물은 거의 찾아볼 수 없고 주
요 인물이 거의 전 화면을 차지하도록 간단히 그려
진다. 때로는 최소한의 요소, 즉 산신과 호랑이, 소
나무만을 그리기도 한다. 그런가 하면 보다 상세하
고 색상이 다채로우며 사실적인 인물을 그리기도
하는데, 이때는 다른 사람들과 동식물이 등장하기
도 하며, 배경에는 높은 봉우리가 솟아있고, 주요
인물은 화면의 작은 일부분만 차지한다. 금세기 후
반에 들어 새로운 산신 그림에서는 보다 색상이 다

최근에 제작된 뛰어난 작품성을 가진 산신 탱화. 춘천시 명법사의 산
신각에 모셔진 것이다. 산신(왼쪽 위), 칠성(오른쪽 위), 독성(아래)이 각
각 한 장의 그림으로 되어 있다.

산신 탱화와 독성 탱화가 나란히 모셔진 최근에 제작된 산신 탱화

채로워지고(분홍빛 구름이 등장하기도 한다) 호랑이도 보다 사실적으로 표현되지만, 전체적인 구성은 여전히 전통을 따른다.

E. 기본적인 도상학적 표현

산신은 거의 대부분 수염과 머리가 흰(또는 회색) 노인으로 앉아있는 모습으로 그려진다. 나이는 들었지만 여전히 정정하며 강하고 권위있는 모습이다. 표정은 자비롭고 다정하지만 한편으론 엄격하고 위엄이 있어 이상적인 가부장적 인물로 표현된다. 복장과 머리에 쓴 모자 그리고 손에 든 물건은 건강과 장수·부귀·영화·출세 또는 학문적(정신적) 성취·신령한 힘 등을 상징하며, 각 그림마다 무속·불교·유교·도교 및 군사적 상징이 복합적으로 나타난다.

(위) 산신의 모습과 흡사한 옥황상제의 초상화
(아래) 사찰의 벽화로 그려진 신선도. 역시 산신과 유사한 모습이다.

F. 산신이 거하는 곳, 신선대

대부분의 산신 그림에서 산신은 절벽 위 평평한 곳에, 또는 절경을 내려다보는 산등성이 공터에 앉아있는 모습으로 그려진다. 한국의 산을 오르다 보면 이러한 장소를 쉽게 발견할 수 있는데, 이를 신선대라고 부르는 경우가 많다. 또 기암으로 이루어진 산봉우리도 종종 신선봉이라는 이름으로 불린다. 이러한 봉우리는 꼭 주변에서 제일 높은 봉우리는 아니지만, 한결같이 그 아래쪽으로 펼쳐진 풍경이 무척 아름다운 곳이란 공통점이 있다. 설악산, 소백산, 월악산(도락산 봉우리 바로 아래쪽), 그리고 계룡산 국립공원과 문경새재 도립공원 등에서 이러한 예를 찾아볼 수 있다. 한국인들의 관점에서 이러한 곳들은 불교 수행자들이 참선을 하거나, 도교 수행자들이 수련을 통해 깨달음을 얻는데 가장 이상적인 장소가 되기도 한다. 현대 한국 사찰의 벽화에는 반은 역사, 반은 전설로 누구나 잘 알고 있는 이야기, 즉 숲속의 평평한 공터에서 일어났다고 하는 석가모니불의 깨달음과 초기의 가르침 등이 그려져 있는데, 이는 마치 한국의 신선대에서 일어난 듯이 표현되어 있다.

산신의 옆에는 최소한 한 그루의 노송이 그려져 있는데, 이것은 장수 및 험난한 환경을 이겨내고 생존함을 의미한다. 배경의 산수는 간결하고 만화적인 것에서 동아시아 도교·신유교 전통에 따른 보다 상세하고 장엄한 풍경까지 다양하다. 대부분 험준한 봉우리나 절벽, 폭포, 소용돌이치는 구름 등을 그리는데, 때로는 태양이 포함된다. 상세한 그림에는 그밖에도 행운, 다산, 장수를 기원하는 다양한 상징들이 포함되어 있다.

'산신의 자리'란 뜻의 사자산 신선대(1997년 4월 촬영)

신선대에 앉아있는 것으로 묘사된 석가모니와 그 제자들. 한국의 사찰 곳곳에서 발견된다.

감악산 정상 부근의 신선대에서 휴식을 취하고 있는 사람(1996년 10월 촬영)

G. 손에 들고있는 상징, 지물(持物)

산신은 대개 지상의, 또는 영적 능력을 나타내는 상징을 손에 들고 있다. 이러한 상징들은 무속, 도교(군사적 의미), 불교와 유교에서 유래하였다. 가장 흔히 볼 수 있는 물건들은 다음과 같다.

1. 도사지팡이라고 부르는 기다란 지팡이로 마치 소나무처럼 옹이가 진 모습을 하고 있는데,[13] 산에 사는 사람 또는 등산가를 표시하는 일반적인 상징이다. 때때로 위쪽을 끈으로 묶은 표주박이 매달려 있기도 한데, 이 안에는 '불사불로 영약'이 들어있거나 명을 늘려주는 술이 들어있다고 여겨진다.

모란산 부흥사의 산신 탱화. 지팡이에 표주박이 달려있다.

---

13 이 지팡이가 뒤틀린 것에는 여러 가지 의미가 있다. 고난을 극복하고 존경받을 수 있는 나이가 된 것을 의미하기도 하고, 다른 유래를 찾아보기 힘들만큼 독특한 성격을 나타내는가 하면, 물같이 흐르며 제어할 수 없고 항상 변화하는 도의 본성을 의미하기도 한다.

인삼과 불로초가 매달려 있는 지팡이를 든 팔공산 원효암의 산신 탱화

중국의 도교에서 파생된 한국 무속신으로 분류되는 제갈신. 학의 깃털로 된 부채를 가지고 있다.(국립민속박물관 소장)

치악산 천신사의 산신 탱화. 변형된 모양의 나뭇잎 부채를 들고 있다.

지리산 내원사의 산신 탱화. 자연 그대로의 모습을 한 나뭇잎 부채를 들고 있다. 호랑이의 모습이 아주 특이하다.

2. 산신 부채 또는 신선 부채라고 하는 부채는 접는 부채가 아니라 손잡이에 하얀 학의 깃털이 달린 부채이며, 산신이 바람과 기타 자연신을 다스린다는 것을 상징한다. 이것은 3세기경 중국 삼국 시대의 유명한 장군 관우와, 도교·용병술에 뛰어나 오랫동안 전쟁의 신처럼 숭앙받았으며, 최근 들어서는 부와 사업의 수호자로 추앙받는 군사(軍師) 제갈공명에서 유래한 것이다. 이 부채는 부챗살이 있는 초록색 직사각형 모양의 '잎사귀 부채'로 대체되는 경우도 있다. 약간 둥글린 모양이나 술이 달린 손잡이로 사람이 만든 것이 분명해 보이는 이 부채는 높은 지위를 상징하는데, 드물게 열대지방이나 아열대지방(중국 남부에서 볼 수 있는)에서 자라는 나뭇잎처럼 그려진 경우도 볼 수 있다. 이러한 경우는 보다 '자연 숭배'를 강조하는 것일 수도 있고, 산신이 도교의 은둔자들처럼 자연 속에서 검소하게 사는 점을 강조하는 것일 수도 있다. 몇몇 그림에서는 한국의 일반적인 (조선의 궁중에서 사용하던) 종이 부채 모양을 하고 있는 경우도 있으며, 일월·태극 그림이 그려져 있기도 하여 도교와 무속 상징의 결합을 보여준다. 태극은 일반적으로 중국식 태극(흑색, 백색)이 아니라 한국 성리학의 삼색 태극(빨강, 파랑, 노랑)이 그려져 있다. 이색(二色) 태극이 음양의 조화를 상징한다면, 삼색

이색의 태극 문양이 그려져 있는 부채를 들고 있는 선달산 부석사의 산신 탱화

불자(拂子)를 들고 있는 금당산 법장사의 산신 탱화

통도사의 불교 탱화에 나타난 선사의 모습. 역시 불자(拂子)를 손에 들고 있다.

태극은 하늘, 땅, 인간의 삼위일체를 상징한다.

3. 말총 또는 사슴 털이나 가느다란 줄로 만든 불자(拂子: 총채)를 양손 또는 한 손에 들고 있다. 이 총채는 불교 의식에서 사용하는 것이며, 인노의 불교 예술에서 성자들이 들고 있는 것과 같다. 이것은 불법(계율)에 대한 복종을 의미하며, 벌레조차 죽이지 않는다는 뜻으로 모든 생물에 대한 관세음보살의 자비심을 상징한다. 한국 불교에서는 선승의 깨달음, 지위, 권위를 상징하기도 한다.

불로초 가지를 들고 있는 모란사 보타사의 산신 탱화

무속의 처녀 총각 신령 역시 상징화된 불로초 가지를 들고 있다.(국립 민속박물관 소장)

전설 속의 한 장면. 산신령이 전통 복장을 입은 도령에게 산삼을 건네 주고 뒤에서 두 선녀가 이를 바라보고 있다.

도식화된 불로초 가지를 들고 있는 무속의 신 일월성신.(국립민속박물 관 소장)

이는 마치 얼굴에 날아드는 파리를 쫓아내듯 손쉽게 제자들의 마음을 어지럽히는 잡념과 욕심을 털어낼 수 있는 능력을 상징하기 때문이다. 이 상징은 타계한 선승을 그린 중국과 한국, 일본의 불교 초상화에 자주 등장하며 나한(아라한) 중 두 명이 들고 있기도 하다. 그러나 한 가지 차이점은 불교 초상에서는 한 손을 앞으로 뻗어 들고 있는데 반해 신선은 두 손으로 무릎 위에 가로놓아 잡고 있다는 것이다. 내가 모은 산신 그림 중 5%가 불자를 들고 있는데, 이 무속 도교의 인물들이 한국의 불교 고승들의 지혜와 능력을 갖고 있음을 나타내는 것으로 볼 수 있다.

진악산 산신령이 인삼을 전해주었다는 굴에서 기도하고 있는 만신. 뒤로 산신령에게 바치는 촛불이 보인다.

동굴 입구에 서 있는 만신

동굴에서 바라본 금산시

4. 불로초 가지는 고대 '신화'에 등장하는 약초로, 이 약초를 복용하면 영생 또는 최소한 장수를 얻을 수 있다고 하는데, 이것은 도교의 신선과 연관이 있다. 불로초의 '소용돌이치는 구름' 모양은 태극의 모습을 닮았는데, 줄기와 가지를 더하면 중국식 전통에서 왕이나 황제 등 막강한 권력을 가진 사람들이 손에 들고 있는 홀과 비슷한 모양이 된다.[14]

불로초는 영지버섯과 매우 흡사하게 생겼다. 영

지버섯은 한국의 여러 산에서 볼 수 있는데, 썩은 나무 둥치에서 자라며 예전에는 산속으로 들어가 천연 버섯을 땄지만 요즘은 재배도 많이 하고 있다. 영지버섯은 한약에 많이 사용되는데, 건강과 장수에 도움이 되는 약초로 알려져 있다. 예전에는 중국 황제에게 보내는 공물에 포함되는 귀중한 약초였다. 아마도 그런 이유로 한국의 불로초 '신화'와 그 상징적 형태가 유래되었을 것이며, 산신이 들고 있는 불로초도 실제로는 영지버섯일 가능성도 있다.

---

14 홀은 주로 옥이나 기타 귀한 보석이나 금속으로 만들어지며, 중국 전역의 박물관을 비롯해 관광객을 대상으로 하는 기념품 가게에서 흔히 볼 수 있다.

속리산 여적암의 산신 탱화. 아주 드물게 찻잔을 들고 있고 무릎 위에는 책이 펼쳐져 있는데 이 또한 다른 탱화에서 전혀 발견되지 않은 것이다.

경주 남산의 무량사의 책을 펼쳐서 읽고 있는 모습의 산신 탱화. 이 유역에 비슷한 유형의 그림이 여럿 보이는데 이는 한 그림의 모사(模寫)로 보인다.

5. 역시 건강과 장수를 상징하는 인삼 뿌리를 들고 있는 경우도 있다.

6. 불교와 연관된 차 문화의 전통에 따라 찻잔을 들고 있는 경우도 있다. 그러나 그림에 차를 끓이고 있는 동자의 모습이 보이지 않는다면, 이 잔은 술잔일 수도 있다. 중국과 한국의 도교 전통에는 신선이나 현자들이 보다 높은 단계의 자연스러움과 행동의 자유를 얻기 위해 술을 마시는 일이 있다.

7. 때로는 책을 들고 독서삼매에 빠진 모습을 보인다. 이것은 신유교의 영향으로 보이며, 산신의 능력에 학자의 덕성을 더하는 의미가 있다고 본다.

8. 염주(손에 들고 다니는 짧은 염주나 목에 거는 108염주)는 불교 신자의 상징이며, 불상 앞에서 절하는 횟수를 세거나 염불을 할 때 사용하는 것이다. 염주는 독성이나 불교의 아라한, 또는 타계한 고승의 초상화에 주로 나타난다. 산신이 염주를 들

치악산 연암사의 아주 드물게 목각 부조 위에 금박을 입힌 산신 조각. 한 손에는 염주를 들고 있고 또 한 손에는 지팡이를 들고 있다.

칠보산 유금사의 아주 드물게 한 손에 칼을 들고 머리에는 신장의 관을 쓰고 있는 모습의 산신 탱화

서울의 양종승 씨가 소장하고 있는 작품. 투박한 모습으로 그려진 이 탱화에서 양손은 소매 속에 감춰져 있다.

고 있는 경우는 극히 드물며, 내가 수집한 자료에서도 단 두 작품이 있을 뿐이다. 이런 경우는 산신이 특정한 절에 다니는 일반인처럼 불교 신도임을 의미하거나, 고승과 같은 지위에 있음을 의미하는 것으로 볼 수 있다. 그러나, 어쩌면 단순히 화가가 깊이 생각하지 않고 산신을 독성과 동일시했기 때문일 수도 있다.

9. 한 손으로 수인(手印) 표시를 한다. 이것은 의식에 따른 손짓으로, 힌두교와 불교 예술에서 흔히 볼 수 있으며, 심오한 뜻이 담겨 있다.

10. 정부 관리들의 직위를 나타내는 패. 이 역시 위패와 마찬가지로 유교적인 권위를 나타내보이기 위한 것 같다.

11. 폭력과 위협의 상징인 검(劍)은 진실한 추종자들을 위험에서 보호해 준다는 의미를 담고 있다. 이는 또한 '망상을 잘라내기 위한 칼'을 들고 있어 인간의 정신을 망상으로부터 해방시켜 준다는 문수보살과 같은 의미로 해석될 수도 있다. 그러나 이러한 의미가 의도적으로 부여되지는 않았다고 생각한다. 내가 발견한 단 두 점의 그림에서[15] 그림을 그린 화가, 또는 스님이 지방을 수호하는 산신과 신장(神將: 불교의 유산과 계율의 수호자)을

---

15 이 두 점은 같은 지방의 사찰에서 발견한 것이다. 하나는 안동 남쪽에 있는 중요 사찰인 의성 고운사에서 보았고, 또 하나는 안동 동쪽에 위치한 조그만 사찰인 칠보산 유금사에서였다. 고운사의 것은 아주 오래된 산신 탱화인데 원래는 불교의 신장(神將)을 그린 탱화였을 것으로 생각된다. 유금사의 산신 탱화는 비교적 최근의 것으로 신장들이 쓰는 모자를 쓰고 있다. 아마 이것은 고운사의 탱화에서 영향을 받아 그린 것 같다.

치악산 보문사의 탱화. 상투 위에 특이한 모양의 관을 쓰고 있다.

지리산 화엄사의 산신 탱화. 상투를 틀고 그 위에 선비들이 하는 복건을 쓰고 있다.

동일시하여 검을 그린 것으로 보는 것이 옳을 것 같다.

12. '특별한 의미는 없는' 것이지만, 산신의 자세 중에는 '현명한' 노인이 깊은 생각에 잠겼을 때 흔히 하는 식으로 수염을 쓰다듬고 있는 경우도 있고, '아무 것도 안 하고' 그저 팔짱을 끼고 있거나, 또 곁에 있는 호랑이를 쓰다듬고 있는 경우 등이 있다.

흥미롭게도, 산신은 몇몇 원시적인 무속화를 제외하면 천도복숭아를 손에 들고 있는 경우는 거의 없다. 내가 수집한 산신 탱화 자료 중에는 이러한 그림은 단 한 점도 없다.

내가 수집한 자료 중 거의 절반에서 산신은 매우 긴 눈썹을 하고 있다. 단순히 숱이 많은 것이 아니라 눈썹 끝을 과장하여 길게 그렸다. 중국 대승 불교의 도상(圖像)의 18나한 중 하나인 인게타존자(因揭陀尊者: 산스크리트어로 앙가야)는 항상 매우 긴 눈썹을 가진 것으로 표현된다. 이것은 그가 전생에 윤회를 거듭하며 쌓은 덕으로 매우 장수했다는 점을 상징하는 것이다. 그는 '긴 눈썹 나한'이라는 이름으로 민속 종교에서 인기 있는 존재로 부상하여 사찰 벽의 부조나 그림에 자주 등장하게 되었다. 그를 추종하는 사람들은 이 '긴 눈썹 나한'을 섬기면 장수, 지혜를 비롯한 여러 가지 복을 얻게 된다고 믿었다. 대중적인 중국 종교에서 그는 불교의 가장 도교적인 양상을 보여주는 존재이다. 이 나한이 일본의 한 신성한 산에 살고 있는 것으로 여겨졌다는 사실은 매우 흥미롭다. 또 한국의 사찰 외벽이나 내벽 벽화에 신선으로 표현되

대머리로 묘사된 산신 탱화. 초현실적으로 그려진 호랑이가 곁에 있으며 용 모양의 지팡이에는 불로초가 매달려 있다. 19세기 작품(국립민속박물관 소장)

팔공산 용덕사의 산신 탱화. 머리를 완전히 풀어헤치고 머리 위에 아무 것도 쓰지 않고 있는데, 이 역시 아주 드문 경우이다.

는 경우도 있다. 그의 긴 눈썹은 장수와 지혜의 상징으로 산신이나 그 밖의 다른 인물화에도 간혹 등장하게 되었다.

산신은 일반적으로 금빛의 원형 장식을 수놓은 양단처럼 보이는 붉은색 장삼을 입고 있다. 이것은 중국 고위 관리들이 입는 장삼으로 실제 한국에서는 국왕 이외에는 거의 입는 일이 없는 복장이었다. 따라서 이 복장은 산신이 자신이 지배하는 산의 왕과 같은 존재임을 의미한다. 그러나 이상하게도 한국의 부당이 산신을 부를 내 입는 붉

용암산 청룡사의 산신 탱화. 수염을 늘어뜨리고 눈썹 또한 아주 길게 묘사되었다.

운서산 장육사의 산신 탱화. 드물게 붉은색의 화려한 장삼을 걸치고 머리에는 조선시대 관리들이 쓰는 것으로 보이는 불투명한 모양의 두 개의 가지가 달린 관을 쓰고 있다.

개인 소장의 민화. 산신은 일반적인 붉은색 장삼을 걸치고 있고 동자는 나뭇잎으로 만든 도롱이를 입고 있다.

은색의 흉배가 달린 산천거리 무복은 이 산신의 복장과는 전혀 닮지 않았다.

　　때때로 산신은 역시 붉은색이지만 소박한 '한국식' 관복을 입고 있는 경우도 있다. 내가 모은 자료 중 90%의 산신이 붉은 장삼을 입고 있는데, 이는 내가 체계화한 산신 그림의 공통점 중에서 가장 두드러진 점이기도 하다. 핏빛은 중국에서는 '행운'을 의미하며 신랑·신부, 고위 관리(그러나 황제는 황색을 입었다), 대부분의 종교 사원들과

신들이 붉은색을 사용하며 요즘은 국기에도 사용되고 있다(유럽 공산당이 붉은색을 사용하는 것은 우연의 일치이다). 한국 사람들은 전통적으로 붉은색을 즐겨 입지 않았고, 다만 새색시나 무당, 왕을 포함한 고위 관료들만이 입었을 뿐이다. 산신이 대부분 붉은색을 입고 있다는 사실은 산신의 초상이 중국에서 유래했다는 것을 의미하는 동시에, 산신이 산에서는 '왕'과 같이 존귀한 존재임을 의미하는 것이다. 금색의 둥근 무늬는 부와 권위

뛰어난 작품성을 보여주는 현대화된 산신의 모습. 아주 드물게 갈색 장삼을 걸치고 있다.(강화 석모도 보문사)

를 상징하는 것이다.[16]

매우 드물긴 하지만, 산신이나 산신을 따르는 동자가 나뭇잎으로 만든 망토 또는 '치마'를 덧입거나 옷 속에 받쳐 입고 있는 것을 볼 수 있다. 이 것은 한국의 시조인 단군의 초상에서 단군이 입고 있는 나뭇잎 망토에서 유래한 것으로 보이는데, 단군의 복장은 중국 문화를 창조했다는 전설적인 인물 '복희씨(伏羲氏)'의 전통적 초상으로부터 온

것이다.

그 외에도 산신 복장은 수수한 경우도 있고 매우 화려한 경우도 있다. 발에는 북동아시아의 상류층들이 신는 두꺼운 천으로 만든 신발이나 가죽 장화를 신고 있는 것이 보통이지만, 간혹 맨발인 경우도 있다. 이것은 보다 불교적 또는 신선적인 발상이라고 생각된다.

일반적으로 산신은 반지나 귀걸이, 목걸이나 기타 장신구를 하지 않는데, 이는 불교의 보살과 크게 다른 점이다.

---

16 한 만신으로부터 들은 또 다른 해석은 산신의 도포자락이 붉은색인 것은 '양(陽)'을 상징하는 것이고, 호랑이가 그보다 밝은 색이어서 곧 '음(陰)'을 상징하기 때문에 이 둘을 합치면 태극이 된다는 것이다.

3. 부속 상징물들

산신 탱화에서 산신은 혼자 앉아있지 않다. 산신의 옆에는 그의 능력을 보여주는 상징들이 함께 그려지기 마련이다. 항상 뒤편에는 소나무 한 그루가 있고, 옆에는 호랑이가 있다.[17] 대개의 경우 시종 한두 명이 상징적인 물건을 손에 들고 있기도 하며, 배경에는 상징적인 동물·식물·자연 지형 등이 있는데, 아주 드물기는 하지만 산신의 부인이 함께 있는 경우도 있다. 이 모든 것은 그의 '수행원'이라고 할 수 있으며, 산신의 배경을 설명하고, 그의 성격과 권위·능력 등을 표현해 주는 것이다.

A. 호랑이

오래된 산신 탱화에서 호랑이는 주로 상징적이고 초현실적인 모습으로 표현되며, 때로는 현대 미술이나 피카소의 그림만큼이나 추상적이라고 정의할 수 있다. 이들은 커다란 고양이로 보일 정도로 온순하고 친밀하게 그려져 있으며, 심한 경우 우스꽝스러운 모습(주인공인 산신의 엄숙한 모습과 대

유명한 사찰인 통도사와 쌍계사의 산신각 외벽에 그려진 종교적 민화 양식의 호랑이 그림. 빼어난 작품성이 돋보인다.

서울 도봉산의 탱화. 사실적으로 그려진 호랑이 두 마리가 소나무 아래에 있고 멀리 신선의 모습이 보인다.

---

17 하지만 항상 있는 것은 아니다. 내가 찾아본 바로 이 법칙에는 세 가지 예외가 있다.

#1. 하와이 호놀룰루에 있는 대원사. 물론 여기에는 한국 이민자들이 많지만 원래 이곳에 호랑이가 살지 않아서인지 호랑이가 없다.

#2. 경상북도 의성군의 주요 사찰인 고운사의 아주 특이한 산신 탱화에도 호랑이가 없다. 이 탱화는 아마도 처음에는 산신이 아니라 신장(불교의 수호신 제5장 참조)을 그린 것이 아닐까 한다.

#3. 충청북도 월악산 국립공원 내에 있는 신력사 산신각에 모셔진 부속 산신 탱화에 호랑이가 없다. 그런데 그 옆에 모셔진 주 산신 탱화에는 호랑이가 두 마리나 그려져 있다. 이것은 옆의 탱화에 호랑이가 없는 보상일까?

팔공산 서쪽 부인사의 산신 탱화. 특이하게도 보라색의 호랑이가 산신 곁에 앉아있다.

팔공산 동쪽 기기암의 산신 탱화. 호랑이의 모습이 아주 특이하다.

조적으로)을 하고 있기도 하다. 이러한 호랑이의 모습은 조선 말 민화에 등장하는 호랑이들과 같은 특성을 지니고 있는데, (한국 문화 애호가들 사이에서) 잘 알려진 '까치 호랑이' 그림을 예로 들 수 있겠다.[18] 보다 이후에 그려진 그림 속의 호랑이들은 좀 더 사실적이며 사나운 모습을 하고 있다. 한국에 실제로 호랑이가 살고 있던 시절에는 추상적인 모습으로 표현되었고, 이제 더 이상 호랑이를 찾아볼 수 없는 시절이 되니 호랑이의 모습을 사실적으로 표현하기 시작했다는 것은 아이러니가 아닐 수 없다.

한국 사람들은 전통적으로 호랑이를 산속의 제왕으로 생각해 왔다.[19] 무섭고 위험한 존재인 동시에 위엄이 있고, 도덕적이며, 때로는 장난스럽고 친근하며, 사랑스러우리만치 귀여운 모습을 보이기도 한다. 단순히 사나운 동물이 아니라 의롭고

---

18 한국 국립박물관에서 1998년 여름에 '한국회화에서의 호랑이'라는 특별전시회를 개최한 적이 있었다. 여기에서 다양한 모티브들이 소개되었다. 조선시대 민화에서 아주 흔히 나타나는 까치 호랑이는 호랑이가 나뭇가지 위에 앉아있는 한두 마리의 까치를 쳐다보고 있는 그림이다. 여기서 까치는 호랑이에게 이야기를 하고 있다. 까치는 원래 인간의 운명을 관장하는 천상의 신들의 뜻을 전해주는 존재로 인식되었다. 때로는 호랑이를 나무라거나 보채기도 해서 호랑이가 꽤 귀찮아하는 것처럼 보이기도 한다. 아니면 까치를 잡을 수 없어서 화가 난 것일까? 최근 들어서는 자신들을 전혀 존경하지 않고 놀리는 평민들 때문에 화가 난 관리나 벼슬아치들을 상징하는, 일종이 풍자적인 희극이라고 해석하는 사람들도 있다. 산신 탱화에 이런 까치 호랑이가 나타난 것으로 좋은 본보기가 되는 작품이 계룡산 신원사 중악단에 있는 산신 탱화이다.

19 삼국시대 이전의 고대에는 한국과 만주 일대에서 호랑이가 곧 산신으로 추앙받았을 수도 있다. 김회우 1996 p.62에서 김 교수는 호랑이를 신령으로 모시는 것이 인간의 형상을 한 산신 신앙과 결합되었다가 나중에는 산신의 전령으로 격하된 것으로 설명하고 있다. 하지만 어떤 경우에는 호랑이가 곧 산신과 동일시되기도 한다.

희화된 호랑이가 천도복숭아를 가지고 놀고 있는 그림의 산신 탱화. 경주 인근 단석산의 서쪽 기슭에 있는 신선사

신중하며 권위를 존중하고 가치 있는 사람을 보호하고 도와주는 반면, 부패하고 경망하며 권위를 존중할 줄 모르며 죄를 짓는 사람을 벌하는 고대의 경찰이나 산림 경비관 같은 존재이기도 하다.

옛날이야기나 전설에서는 호랑이가 산신 그 자체이거나 산신의 변신이 되기도 하는데, 마음먹기에 따라 산신이 사람이나 호랑이의 모습으로 나타날 수 있다고 믿었던 것이다. 그러나 보편적으로는 그림 속의 호랑이나 실제 산속에 사는 호랑이가 산신의 보조자, 즉 심부름꾼이거나 산신의 뜻을 받아 실행하는 존재인 경우가 많다(막강한 힘으로 벌을 주거나 상을 주는 것이다). 이보다 조금 격이 떨어지는 역할로는 산신이 타고 다니는 말 같은 역할이 있다. 무당들이 사용하는 산신 탱화에는 호랑이가 주로 이러한 역할을 담당하고 있는 것으로 나타난다.[20]

여기에는 보다 고차원적인 해석이 있을 수 있다. 칸다(Canda)는 산신과 호랑이가 이루는 짝에 대해 이렇게 말했다. "이러한 짝은 산신의 가장 중요한 성격을 상징한다. 즉, 신성함과 지혜를 실행하는 타고난 막강한 힘을 상징하는 것이다." 이 말은 무척 정확한 분석이다. 여기에 소나무를 더한 산신 삼총사가 험준한 바위에 둘러싸여 앉아있는 모습은 대지와 인간, 동물과 식물의 세계의 조화를

---

20 무당들이 모시는 다양한 장군 신령들이 말을 타고 있는 것과는 대조를 이룬다. 이것은 아마 산신의 이미지를 강력한 수호신으로 보고 있기 때문인 것 같다. 장군 신령이 타는 말은 만화처럼 유형화되어 있거나 비현실적인 색깔이나 점이 있어 전통적인 호랑이 그림과 비슷해지기도 한다. 산신 탱화의 호랑이가 무당들의 장군 신령과 확실히 다른 점은 산신령은 호랑이의 등에 탈 때 절대 걸개나 안장 같은 것을 하지 않고, 곧바로 올라타고 있다는 점이다.

중악단에 모셔진 19세기 산신 탱화에 나타난 까치 호랑이의 모티브

가지산 보덕사의 산신 탱화. 두 마리의 호랑이와 사자들, 그리고 학의 모습이 보인다.

경주 남산 옥룡사의 산신 탱화에 나타난 호랑이. 표범 모양의 얼룩무늬가 있고 꼬리는 하늘로 치켜올려져 있다.

나타낸다. 각 세계는 그 세계에서 가장 진화한 형상을 통해 표현된다. 다시 말해서, 대지는 산으로, 인간은 현자로, 동물의 세계는 호랑이로, 그리고 식물은 고고한 소나무로 대표되는 것이다.

내가 수집한 산신 탱화에서 호랑이가 사실적으로 표현된 것은 약 70%이며, 초현실적·우화적 또는 상징적으로 표현된 것은 29%(오래된 그림일수록 비율이 높다)가 된다. 아주 드물게 시종이나 선녀가 호랑이 등에 앉아있기도 하고, 호랑이가 앉은 채로 까치를 바라보고 있거나 두 마리 이상의 호랑이가 등장하기도 한다.

호랑이는 꼬리를 치켜들고 있으며, 그 중 약 58%가 곧장 위를 향하고 있다(대부분 산신의 어깨 위에 꼬리를 올려놓고 있다). 이것은 남성의 정력을 상징하는 것으로 여겨져 농부들의 농담의 대상이 되기도 하고, 원시적인 비아그라의 상징으로 생각되기도 하지만, 그림을 그린 화가가 항상 그런 뜻으로 그렸다고 볼 수는 없다.

그림의 16%에서 호랑이의 줄무늬에 더해 혹은

삼악산 상원사의 산신 탱화에 나타난 성스러운 백호(白虎)

월악산 남쪽 자락의 김룡사의 산신 탱화에 그려진 호랑이. 환상적인 보라색 색채에 표범 같은 점박이 무늬가 있고, 자랑스러운 듯 가슴을 쑥 내밀고 있다.

줄무늬 대신 마치 표범 같은 점을 그려 놓은 것을 볼 수 있는데, 이는 호랑이를 야유하는 사회적 풍자가 되기도 한다. 호랑이는 마치 목에 힘을 주고 다니는 '양반'들처럼 잘난척하며 '순수한 혈통'을 자랑하고 있지만, 이러한 점들은 그 어미나 할미가 표범과 '놀아났고' 그 결과로 '잡종'이 태어났음을 확연하게 보여주어 호랑이의 자존심을 꺾어놓는 것이다. 심한 경우에는 온몸에 점을 찍어 표범이나 고양이처럼 보이는 경우도 있다. 때때로 이러한 점들은 등줄기에만 나타나거나 마치 도교의 음양 태극처럼 소용돌이 모양으로 그려진 경우도 있다. 조 박사는 이러한 호랑이와 표범의 혼합을 한국에 당파 싸움이 끝나고 평화가 오기를 바라는 국민들의 열망을 표현한 것으로 해석한다.

호랑이가 사팔눈이거나 실성한 듯한 눈을 하고 있는 경우도 있다. 이렇게 황당하고 우화적인 표현은 호랑이의 '산의 제왕'이라는 고귀한 신분에 대한 풍자라고 볼 수 있다. 즉 한국의 지배 계급을 은근히 놀리는 동시에 호랑이에 대한 친근함을 표현하는 것이다.

내가 수집한 600점의 사진 가운데 단 네 점에서만 호랑이가 흰색으로 그려져 있다. 백호는 풍수지리상으로 서쪽을 의미하며, 예전에는 서울의 서쪽에 있는 인왕산을 백호산으로 불렀다. 백호는 신선과 같은 영적인 존재로 여겨졌다. 태백산 같은 신성한 산에 사는 주민들이나 산을 방문하는 사람 앞에 백호가 나타난다는 전설이 많다.

B. 시종들: 행동 및 손에 들고 있는 것들[持物]

대부분의 그림에서 한 명 이상의 동자가 산신의 시중을 들고 있고, 조각상이나 부조에도 동자가 등장하기도 한다. 이렇게 동자가 등장하는 것은 중국의 고전 풍경화에서 여행하는 귀족을 따라다니며 짐을 들거나 요리를 하는 젊은 남자 하인이나 예전 불교의 보살 탱화에 등장하는 어린 시종들의 모습에서 유래한 것으로 볼 수 있다. 또 한편으로 힌두교나 불교의 비천(飛天: 천녀 또는 천인)에서 유래했다고 볼 수도 있다. 내가 수집한 산신 탱화에는 그림 한 장당 평균 1.32명의 동자가 등장한다. 그림이나 조각 중 시종이 전혀 없는 것은 14.5%(주로 경상도 지방에서 자주 발견된다)이고, 세 명 이상이 포함된 그림은 8.6%이다. 나머지 77%에는 한두 명의 시종이 있다.

시종은 보통 어린아이가 많고, 청소년인 경우도 있다. 내가 본 것 중 약 3분의 2는 사람의 모습으로, 나머지 3분의 1은 반인반성(半人半聖), 즉 비선(飛仙: 선녀 또는 선인, 비천과 같음)이나 선녀(비천과 유사하지만 항상 여인)의 모습으로 그려져 있다. 이러한 선인이나 선녀들은 복장과 머리 모양이 보다 화려하고 후광처럼 어깨에서 머리 주변으로 커다란 반원을 그리며 날리는 스카프가 있다. 그

하늘을 나는 천의를 입고 불사(不死)의 천도복숭아를 들고 있는 천녀의 모습. 수락산 염불사의 산신각에 그려진 것이다.

중건 때 사라진 해인사 본전에 있던 천장벽화. 악기를 연주하는 비선(飛仙)

러나 일반 동자와 천상의 동자 사이에는 큰 의미가 없는 듯하며 선택은 화가의 취향에 따른 것으로 보인다. 한 그림에 둘이 함께 등장하는 경우도 있다. 예를 들면 일반 소년과 선녀가 함께 등장하는 것이

다. 일부 한국 무속화에서 보는 것처럼, 소년과 소녀가 함께 등장하는 것은 음양의 조화를 상징하는 것으로 볼 수 있다.[21] 필자의 수집품에 나타나는 동자들 중에서 약 70%는 소년처럼, 나머지 30%는 소녀처럼 보인다.

비선과 선녀는 또 다른 면에서 산과 연관이 있어 산신 탱화에 모습을 드러내는 것으로 보인다. 전설에는 선녀들이 외지고 아름다운 깊은 계곡으로 내려와 폭포수 밑의 맑은 물에서 목욕을 하고 올라간다는 이야기들이 많이 있다.[22]

따라서, 폭포가 많은 계곡에는 이러한 전설이 담긴 이름이 붙은 곳이 많다. 설악산의 비선대, 옥녀탕, 십이선녀탕 계곡, 춘천 근교의 삼악산의 비선폭포 등이 그 예이다.

동해안의 삼척에는 이러한 전설이 있다. 두타산 근처의 폭포에서는 종종 한 아름다운 소녀가 나타나 목욕을 하는 모습을 볼 수 있었다. 어느 날 마을 사람 몇이 그녀의 뒤를 따라갔는데, 갑자기 바위가 굴러내려와 앞길을 막았지만 소녀는 아무렇지도 않게 바위 틈으로 빠져나가 한 동굴 속으로 사라졌다. 사람들은 그 소녀를 선녀라고 생각하게 되었고, 환선굴의 산신으로 모시고 일 년에 두 번씩 제를 올리기 시작했다.

시종들은 주로 무언가를 하고 있는 모습인데, 보통 음식을 바치거나 산신의 지상 또는 천상의 권

동해시 두타산에 있는 쌍폭포

한을 상징하는 물건을 들고 있다. 이러한 물건들은 무속, 도교, 불교, 또는 성리학적 의미를 담고 있다. 나는 시종들의 행동을 열아홉 가지로 분류해 보았다.

1. 복숭아 한 개, 또는 바구니나 쟁반에 담긴 복숭아를 공양하고 있는 경우. 여기에서 복숭아는 일반적인 과일이 아니라 '불사 선도(不死仙桃)'이다. 원래 중국 서부의 곤륜산(崑崙山)에 있다고 하는 전설 속의 무릉도원에서 나는데, 도교의 '서방 여왕' 또는 '서방의 황후'라고 하는 서왕모(성모)가 돌보는 곳이다.[23] 이곳으로 가서 선도를 먹으면 신선이 된다고 한다.

---

21 산마도령 애기씨도 마찬가지다. 어떤 이는 이것이 (가장 흔한 음과 양의 상징인) 해와 달을 의미한다거나, 천지일월도신장(天地日月刀神將) 또는 불교의 일월보살(日月菩薩)을 상징한다고도 한다.

22 이때 목욕하는 선녀를 잡으면 선녀를 부인으로 만들 수 있다고(뿐만 아니라 그에 따르는 부수적인 이익도 있다) 한국의 민담에 자주 등장한다.

23 지금은 일본에 있지만 최근 서울에서 전시된 적이 있는 안견의 '몽유도원도' 역시 바로 이 무릉도원을 묘사한 것이다. 이 그림은 조선 초기의 가장 뛰어난 작품으로 알려져 있다. 선도에 대한 이야기는 다양한 중국의 도가 서적에서 찾을 수 있다. 경상북도 경주 북쪽의 '서산'이 '선도산'으로도 불리고 위에서도 얘기했듯이 이 산의 수호신이 아주 드물게도 여성인 선도성모인 것도 이런 전설과 연관이 깊다고 할 수 있다.

예천군 인근의 보문사 벽화. 산에서 산삼과 과일을 따서 들고 있는 동자들의 모습이 묘사되었다. 산삼과 과일은 정력과 생식의 상징이다.

단석산 신선사의 산신 탱화에 나타난 시동의 모습. 아주 다양한 지물을 들고 있다.

복숭아는 도교에서 음기(淫氣)를 상징하며, 따라서 다산(多産)을 뜻한다. 보송보송한 솜털과 약간 오목하게 들어간 부분은 막 성숙하려는 소녀의 음부를 연상케 하며, 볼록한 부분과 발그레한 홍조 (그림에서는 과장되게 표현되는 경우가 많다)는 소녀의 젖가슴을 연상하게 한다. 한국뿐 아니라 많은 전통문화에서 어린 소녀와의 성적 교접을 통해 노인들이 젊은 '기운'을 전해 받아 무병장수를 누릴 수 있다는 믿음을 확인할 수 있다.[24] 이러한 사실을 종합해 볼 때, 산신에게 복숭아를 바치는 것은 젊은 기운과 그에 따르는 건강, 다산, 그리고 도교의 영생을 얻는 것까지를 상징한다.

갖가지 과일을 담은 바구니나 쟁반을 들고 있는 경우에도 대개 복숭아가 포함되어 있다. 그밖에 자주 등장하는 과일에는 석류가 있는데, 석류 역시 씨앗이 가득 들어 있는 모양이 자궁을 연상케하여 다산을 의미한다. 수박이나 참외 같은 여름 과실도 때때로 같은 이유로 포함된다.

내가 수집한 산신 탱화 중 31%에서 시종이 복숭아 또는 바구니나 쟁반에 담긴 복숭아를 내밀고 있는 모습을 볼 수 있고, 32%에서 또 다른 시종이 갖가지 과일이 담긴 바구니나 쟁반을 들고 있는 것을 볼 수 있다. 모두 63%가 복숭아 및 과일을 포함하며, 이는 가장 자주 등장하는 품목이다.

2. 불로초 또는 건강, 장수, 영생, 그리고 도교의 신선을 의미하는 영지버섯을 들고 있거나 공양하고 있는 경우. 이러한 모습은 필자의 수집품 중 18%에서 나타나며, 두 번째로 자주 보이는 상징이다. 그 다음으로는 차를 끓이는 모습이나 지팡이를 들고 있는 모습이 많다.

---

24 현대인의 눈에는 이것이 아동학대나 외설로 비치겠지만 산업화 이전에는 대부분의 소녀들이 첫 월경을 시작하면 곧 시집을 갔고 한두 해 만에 출산하곤 했다.

진악산 남쪽 영천암의 벽화. 아주 드물게 시자들이 복숭아와 석류 그리고 불로초를 공양하는 것으로 묘사되었다.

태백산 덕국계곡의 성주암에 그려진 산신 탱화. 소년은 두 개의 불로초 가지를 들고 있고 소녀는 복숭아를 들고 있다. 호랑이의 자세가 이채롭다.

서울 도봉산 약수선원의 산신 탱화. 어린 시동이 용 모양으로 장식된 화려한 주전자에 차를 끓이고 있다.

차는 오래 전부터 건강을 증진시키고 정신을 맑게 해주는 것으로 알려져 있으며, 선불교와 연관이 깊다.[25] 극동 아시아 문명에서는 한때 유교 제례에서 조상에 술을 바치는 대신 녹차를 바치기도 했다.

시종이 녹차를 끓이거나 그보다 훨씬 드물지만 찻잔을 내미는 모습은 건강과 장수, 정신을 맑게 해주는 선불교적 의미, 그리고 제사를 암시하는 신유교적인 가치 등 여러 가지 의미로 볼 수 있다. 이러한 모습은 필자의 수집품 중 16%에서 나타난다.

3. 시종이 여행용 화로에 주전자를 올려놓고 끓이는 모습도 자주 보인다. 주로 산신 부채로 불을 피우고 있어 그림에 등장하는 부채의 수가 늘어난다. 주전자에 끓고 있는 것은 한약일 수도 있지만, 녹차를 만들기 위한 맑은 샘물일 확률이 높다. 녹

---

25 녹차와 극동 지역의 대승불교는 아주 오랫동안 서로 밀접한 관계를 유지해 왔다. 오늘날 한국에서는 이러한 의식이 부활하여 점점 더 인기를 얻고 있다. 지리적으로는 차가 많이 재배되는 지리산 일대, 특히 한반도 최남단의 도립공원인 두륜산 대흥사의 일지암이 그 중심이 되고 있다. 대흥사 일지암은 지금으로부터 약 200년 전에 생존했던, 한국의 차 역사상 가장 숭배의 대상이 되는 초의선사가 주석하셨던 곳이다.

(위) 머리에 장식을 단 시동이 표주박이 달린 지팡이를, 또 한 시동은 특이한 색깔의 천도복숭아를 공양하고 있다. 또한 소나무 가지에 앉은 학의 모습이나 머리의 관의 모양이 아주 이채롭다. 영동군 영국사의 산신 탱화

(아래) 붉은 옷을 입은 시동이 황금색 향로를 바치고 흰 옷을 입은 시동은 복숭아를 공양한다. 그 아래로 한 개의 뿔이 달린 소 모양이 그려졌다. 이는 아주 특별한 장면으로 태백산 각화사의 칠성 탱화 아래쪽에 묘사되었다.

4. 호리병이 달려있거나 달려있지 않은 도사지팡이를 들고 있는 경우. 이러한 모습은 필자의 수집품 중 15.3%에서 볼 수 있다.

5. 두 손을 합장하고 있는 경우. 이는 산신의 지위와 신성함에 존경을 표시하는 단순한 행동이다. 수집품 중 7%에서 최소한 한 명의 시종이 이러한

(위) 푸른 옷을 입은 시동이 불자를 그리고 붉은 옷을 입은 시동이 책을 들고 있는 통도사 산신 탱화의 일부

(아래) 팔공산 내원암의 산신 탱화. 산신의 뒤쪽으로 학의 깃털로 된 부채를 들고 있는 시동의 모습이 보인다.

자세를 취하고 있다.

6. 하나 또는 여러 개의 뿌리(주로 산삼)를 들고 있거나 공양하는 경우. 그런데 속리산 법주사에 모셔놓은 산신 탱화에서 동자가 들고 있는 뿌리는 아무리 봐도 당근으로 보인다! 이것이 어떤 의미인지 도저히 이해할 수가 없다. 어쨌든 필자의 수집품 중 5%에서 시종이 뿌리를 들고 있는데, 이유는 알 수 없지만 특히 경상도에서 많이 나타난다.

7. 상징적 의미가 있는 깃발을 들고 있는 모습. 깃발이라고는 하지만, 실제로는 깃발보다는 햇빛을 가리는 차양처럼 보인다. 이러한 모습은 수집품 중 4.2%에서 나타나며, 상징적으로 부채와 연관이 있는 것처럼 보인다. 실제로 이러한 '깃발'의 1.8%는 커다란 깃털 부채이다.

8. 불교 고승의 상징적인 불진(佛塵)을 들고 있는 경우. 일반적으로 산신이나 불교의 고승이 들고 있을 때와 달리 시종은 보통 불진을 마치 깃발인양 곧장 위를 향하게 들고 있다. 이러한 모습은 수집한 그림 중 약 4%에서 볼 수 있다.

9. 깃털, 또는 나뭇잎 부채를 들고 있는 경우. 이러한 모습은 수집한 그림 중 약 1.3%에 해당하는데, 커다란 깃털 부채 모양의 '깃발'을 들고 있는 1.8%를 더하면 약 3%에서 시종이 부채를 들고 있는 것으로 나타난다.

10. 한 권 이상의 책이나 두루마리를 들고 있거나 내밀고 있는 모습은 약 2.7%다.

11. 꽃이나 꽃이 달린 나뭇가지를 들고 있거나 공양하는 경우. 꽃(특히 연꽃)은 불교의 보살의 상징으로 흔히 사용되지만, 여기서 들고 있는 꽃이 보살의 지위를 상징한다고 보기는 어렵다. 아마도 단순히 산신을 공경하는 일반적인 행동에 불과할 것이다. 필자의 수집품 중에서 이러한 모습이 그려진 경우는 약 2%이다.

12. 죽순을 들고 있거나 공양하는 경우. 이는 확실한 것은 아니지만 아마도 매우 빠르고 곧게 자라는 성질에서 남성의 정력과 회춘, 따라서 장수를 의미한다고 본다. 이러한 모습은 수집품의 1.8%에서 나타난다.

13. 향로를 들고 있거나 향을 피우는 경우. 여기서 향로는 사찰에서 불단 위에 올려놓은 향로와 같은 모양이다. 이러한 모습은 수집품 중의 단 0.9%에서만 나타난다.

14. 신패를 들고 있거나 내밀고 있는 경우. 이 책 68쪽의 10번을 보면 이러한 행동의 의미가 설명되어 있다. 필자의 수집품 중에서 이러한 모습이 그려진 것은 단 두 점뿐이다.

15. 약병을 들고 있거나 공양하는 경우. 이러한 모습은 병을 치유하는 능력을 나타내며, 수집품 가운데 단 세 점에서만 나타난다.

16. 굽이 달린 제례용 술잔 또는 술병을 들고 있거나 공양하는 경우. 이러한 모습은 조상의 혼백에 술을 바치는 성리학의 제사와 연관이 있다. 이러한

춘천 명법사의 산신 탱화. 시동이 책꾸러미를 들고 있고 그 앞의 다탁에는 향로와 그 밖의 물건들이 놓여있다.

지리산 북쪽 서암의 산신 조각의 일부. 선녀의 모습을 한 시녀가 산신 옆에서 합장한 채 무릎을 꿇고 앉아있다.

모습을 그려 넣은 것은 산신을 조상의 혼백으로 본다는 관점을 보여주는 것이다. 또 한편으로는 한국과 중국의 많은 시인들이 보여준 대로, 도교의 전통에 따라 술에 흠뻑 취하여 보다 '자유로운' 기분을 느끼는 것과 일맥상통할 수도 있다. 이러한 모습이 나타난 경우는 단 세 점에 불과하다.

17. 한 손으로 수인을 짓고 있거나 그런 것처럼 보이는 경우는 수집품의 약 2%에서 볼 수 있다

18. 피리나 대금을 불고 있는 경우. 이러한 행동은 사원이나 무당의 신전 천장에 그려진 그림에 자주 나타나는 비선 또는 선녀의 모습에서 주로 찾아볼 수 있다. 이들은 매우 다양한 악기를 연주하고 있는데, 신을 찬양하는 (혹은 신에게 음악을 바치는) 행동으로 볼 수 있다. 그러나 산신 탱화에 그려진 시종들이, 대금 이외의 악기를 연주하는 모습을 전혀 볼 수 없다는 것은 매우 흥미로운 점이다. 그나마 대금을 연주하는 모습노 빌자의 수집품 중 단 0.8%(네 점)에서만 볼 수 있을 뿐이다.

19. 신선대 옆을 흐르는 냇물에서 수영을 하거나 목욕을 하고 있는 경우. 이러한 모습이 무엇을 상징하는지는 알 수 없다. 이러한 모습은 수집품 중 단 세 점에서 볼 수 있는데, 이 그림들은 비슷한 시대에 그려진 것으로 보인다.

C. 다른 사람들

매우 드물긴 하지만 그림에 산신과 시종들 외에 다른 사람이 포함된 경우가 있다. 몇몇 경우에는 신장(불교의 수호신)이 그려져 있다. 이는 산신을 모신 절을 수호하는 산신의 역할을 강조하는 것이다. 내가 알고 있는 한, 단 세 경우에만 산신의 부인이 그려져 있는데, 부인에 대해서는 알려진 것이 아무것도 없으며, 해당 산신의 신화나 설화에서도 어떤 역할도 하지 않는다. 흔치 않게 부

인의 모습이 더해져 있는 경우는 아마도 도교적 무속의 전통에 따라 음양의 균형을 맞추려 한 게 아닌가 한다.

소백산 매봉 남쪽 자락의 용문사 산신 탱화. 네 명의 시동이 산신을 모시고 있다. 화려한 이 작품에서는 각 시동의 행동이나 지물이 다양하게 묘사돼 있다. 이렇게 세 명 이상의 시동이 나오는 경우는 지극히 드물다.

소백산 희방사의 산신 탱화에서는 산신의 뒤쪽으로 하얀 옷을 입은 산신의 부인이 나타난다. 또한 두 마리의 호랑이와 산신 뒤에 있는 복숭아의 모습도 특이하다.

삼악산 북쪽 자락의 봉덕사에 있는 산신 탱화. 두 명의 시동이 시냇물에서 몸을 씻고 있다.

D. 배경의 동물과 새들

이것은 매우 정교한 배경 풍경이 그려져 있는 산신 탱화의 경우를 말하는데, 필자의 수집품 중 55%가 이에 해당되며, 갖가지 상징적인 동물과 식물이 포함되어 있다. 이들은 모두 십장생에 포함되는 것인데 십장생은 한국의 민화를 이해하는 데 있어 매우 중요한 요소이다. 십장생에는 매우 두드러진 바위(절벽 포함), 물(주로 냇물이나 폭포로 표현), 구름, 태양, 학, 사슴, 거북이, 소나무, 대나무, 불로초가 포함된다. 나뭇가지에 열려있는 선도 복숭아는 '대용 품목'이다.

흰색의 학은 오랫동안 한국 예술에서 학자와 양반의 위엄과 품위를 상징하는 동물로 자주 사용되었으며, 고려청자에도 반복적으로 사용되었다. 필자의 수집품 중 6.7%에 학이 등장하는 것을 볼 수 있다.

이러한 그림에 등장하는 사슴은 몇 가지 다른 의미로 해석할 수 있다. 사슴은 도교에서 영적 품격과 건강을 상징하며, 북극성신(北極星神)의 그림에 애완동물이나 탈 것으로 자주 등장한다. 또, 석가모니 부처가 첫 설법을 행한 곳이 바로 녹야원(鹿野苑: 사슴공원)이니, 불교의 가르침을 환기시키기 위해 사슴을 배경에 그리기도 한다. 수집품

18세기 십장생회의 일부분

924년에 제작된 봉암사의 용 거북 비석 받침대

산아산 봉덕사이 분산 제단에 나타난 거북

본 저서를 출판하기 위해 연구하는 동안 저자가 살았던 삼악산 전경. 휘어진 노송으로 가득 차 있다.

중 사슴이 그려진 것은 2%이다.

몇몇 경우에는 거북이가 시냇물이나 연못에 그려져 있다. 거북이는 동아시아에서 종종 지구 자체를 상징하기도 하며, 장수나 행운을 상징하는 동물로 널리 알려져 있다. 이와 더불어, 신성한 물건(역사를 새긴 비석이나 제단 등)을 받치고 있는 견실한 수호자로도 자주 사용된다.

E. 배경의 식물들

산신의 뒤쪽에는 반드시 소나무가 서 있는데, 이 소나무는 한국의 고지대에서 흔히 자라는 종류이다. 수백 년 이상 사는 소나무는 동북아시아 전역에서 장수의 상징으로 여겨진다. 또한 가파른 절벽 바위 틈새에서 얼마 되지 않는 흙에 의지해

매서운 겨울 바람을 이기고 자라는 소나무는 험난한 환경을 극복하는 고고함과 꿋꿋함을 상징한다. 뿐만 아니라 한겨울에도 푸른 빛을 잃지 않는 소나무는 충성심과 변치 않는 의지를 상징하기도 한다. 한국의 무속 전통에서는 오래 전부터 소나무를 마을의 수호신 중 하나로 모셨고, 그림에 나오는 소나무는 그러한 역할을 암시한다. 절벽 틈새에서 자라는 노송 중에는 고유한 이름이 붙은 것도 있고, 지역을 나타내는 표지물로 널리 알려져 있기도 하다.

산신 탱화 중에는 배경에 작은 대나무 숲이 있는 경우가 많다. 앞서 설명한대로 죽순은 남성의 정력과 회춘을 상징한다. 그래서 대나무가 십장생에 포함되는 것이다. 성장한 대나무는 또 유학자나

하와이 호놀룰루 대원사의 산신 탱화. 거북의 모습은 찾아볼 수 없으나 그 외 대부분의 십장생이 그려져 있다.

관리의 꼿꼿한 정절을 상징하기도 한다. 이는 대나무가 바람에 쉽게 굽지만 여간해서는 부러지지 않는 성질 때문인데, 학자나 관리는 정치적 흐름에 적응하면서도 자신의 원칙을 포기하거나 부패에 굴하지 않는 것을 이상으로 생각했다. 한국의 사찰이나 암자의 뒷담 앞에는 대나무를 심어 놓은 곳이 많은데, 이는 풍수지리상 좋기 때문이다.

그 밖에도 배경에 등장하는 식물은 다음과 같다. 불로초(또는 영지버섯)는 수집품 중 15%에 나타나고, 나뭇가지에 열린 복숭아는 1%, 그리고 아주 드물게 연꽃(불교의 상징화)이 포함되기도 한다.

F. 기타

보다 세밀한 산신 탱화의 배경에는 그 외의 십장생의 요소들도 그려진다. 여기에는 두드러진 바위(절벽 포함), 물(보통 시냇물이나 폭포), 구름, 태양 등이 추가된다. 바위와 태양은 영속성, 불변성, 양기(陽氣)를 상징하며 구름과 물은 이와 대칭을 이루는 부드러움과 유연성, 음기(陰氣)를 상징한다. 매우 드물긴 하지만 산신의 옆에 책이 쌓여 있는 모습도 볼 수 있다.

서울 수락산 남서쪽 자락에 외따로 위치한 산신각

4. 사당과 그 부속물

A. 산신을 모시는 곳

산악 지대에서는 산신을 단독으로 모시거나, 지역의 영신과 함께 모시기도 하는데, 이런 경우에는 사당을 산신당이라고 부른다. 산신은 무당의 개인 사당에서도 많이 모셔지는데, 보통 사방에 신령의 그림을 붙여 놓은 커다란 방인 경우가 많다.

한국에서는 대부분의 불교 사찰에서도 산신을 별도의 건물에 모시는데, 보통 한국 무속에서 유래하는 다른 신령들과 함께 모셔놓는다. 건물은 다른 사찰 건물들과 같은 양식으로 짓는 것이 보통이나, 부처나 보살을 모시는 건물들에 비해 규모가 작다. 때로는 기존의 동굴을 보완하거나 인

공 동굴 같은 독특한 사당에 모시거나,[26] 아니면 해인사처럼 육각정 모양의 사당인 경우도 있다. 몇몇 경우에는 산신당을 가파른 절벽에 붙여 지어 사당의 한쪽 벽에 바위가 그대로 드러나도록 한 경우도 있다. 또 사찰에서 한참 올라간 산등성이에 지어서 깊은 숲을 뚫고 등산로를 따라 한참 올라가야 하는 경우도 있다.

---

26 한국 불교에서 인공 동굴 사원의 역사는 아주 긴데, 가장 쉬운 예로 760년에 세워진 경주의 석굴암을 들 수 있다. 산신각이 인공 동굴로 된 것은 춘천 서쪽 입구쯤에 있는 삼악산의 동천사 산신각이 가장 좋은 예다. 한국의 산에는 자연 동굴이 많지만 그것을 불교의 사찰이나 산신각으로 이용하는 경우는 아주 드물다. 자연 동굴을 손질해서 산신각으로 사용하는 예로는 경상북도의 주왕산 국립공원 내에 있는 주왕암의 주왕굴을 들 수 있다. 주왕산에는 중국에서 반란을 주도하다 패한 주왕이 숨어들었다가 한국인들에 의해 죽임을 당한 후 이 산의 산신령이 되었다는 전설이 전해져 온다.

팔공산 북쪽에 위치한 제2석굴암의 삼성각에 모셔진 탱화들. 산신, 칠성, 독성이 가장 전형적인 모습으로 배치되어 있다.

각 사찰에 걸린 다양한 모양의 산신각 현판들

사찰에 있는 산신당의 현판에 붙은 이름은 매우 다양해서[27] 산신각, 산령각, 산성각, 삼신각, 삼선각, 삼성각 그리고 칠성각이란 이름까지도 있다. 이들 이름에 붙은 '─각'은 불교 고유의 사당이 아님을 뜻한다. 보통 부처나 보살을 모시는 큰 건물에는 '─전'이란 이름을 붙인다. 그러나 간혹 불교적인 이름에 '─전'이란 호칭까지 붙인 독특한 사당도 있는데 서울 관악산 연주암[28]의 금륜보전(金輪寶殿)이 그러한 경우이다. 또 예전에 쓰이다 요즘은 사라진 민속(무속) 이름들도 있는데, 국사당이 그런 이름이다. 때때로 삼신각의 세 문에 산신각, 칠성각, 독성각이라고 각기 다른 현판을 붙인 경우도 있다.

이러한 건물들은 일반적으로 보다 규모가 큰 불전들과 같은 방식으로 짓고 칠을 했다. 그러나 천장과 안쪽의 옆벽, 또 외부의 옆과 뒷벽에 도교의 신선이나 호랑이(애교스러운 '담배 피우는 호랑이'를 포함), 산수화 등 매혹적인 민속화와 부속 상징들이 그려진 경우가 많다.

B. 홀로 깨친 성인, '독성'

산신과 함께 모셔놓은 신령 중 가장 보편적인 신령은 독성인데, 독성 앞에서 비는 사람은 많지

---

27 이런 현판들은 대개 한자로 되어 있는데 최근에 지어진 사찰에는 유독 산신각에만 한글로 된 현판이 붙어 있는 경우도 있다. 다른 현판은 모두 다 한자로 쓰면서 산신각만 한글로 쓴다는 것은 그만큼 산신각이 대중적인 전각이고, 또 보다 한국적인 느낌을 주므로 개인적으로는 아주 잘한 일이라고 생각한다.

28 연주암은 비록 이름 끝에 은둔의 뜻을 나타내는 '암'자가 붙어 있지만 서울 남쪽 관악산에 있어 사람들이 많이 찾는다. 금륜보전의 금륜은 제석불이 자주 들고 있는 조그만 금으로 된 바퀴가 아닐까? 관악산은 항상 등산객들로 붐비지만 힘든 등산로로 알려져 있다.

대한민국의 사찰에서 볼 수 있는 산신각 또는 삼성각의 모습들

만 대부분은 독성이 어떤 성자인지 잘 모른다. 독성(獨聖)은 영어로는 흔히 '홀로 있는 성자'라고 하지만 불교적으로는 부처님의 도움 없이, 부처님 생전에 홀로 깨친 성자라는 뜻이다. 성자란 도교적으로는 현자를 말하고 불교적으로는 성인을 가리킨다. 거의 1세기 전, 한 선교사가 이렇게 말했다.

산신 뒤쪽에는 거의 항상 독성의 모습이나 그림이 있다. 하지만 독성이 누구를 말하는지 아는 사람은 아무도 없다. 자료에 의하면 빈도라발라사 나한[29]을 그린 중국의 그림에서 유래한 것으로 보인다. 그는 전설적인 석가모니불의 제자로, 미륵불이 와서 세상을 구제할 때까지 열반에 들지 않고 지상에 남아서 자신의 신통력으로 중생을 제도하도록 부처님의 명을 받았다고 한다. 또 중국의 천태산에서 깨달음을 얻어 한국으로 돌아오지 않고 장수를 누리다 죽었다고 하는 고구려의 파약 스님(波若, 562~613)이라는 해석도 있다.

두 가지 해석 모두 왜 독성이 '외로우며' 온전한 불교 신령으로 대접을 받지 못하고 토속·도교·무속적 신령인 산신과 함께 모셔져 있으며, 현실적이고 '비 영적인' 소원(장수 또는 득남 등)을 비는 속인들의 추앙을 받고 있는지에 대한 설명이 된다. 그의 모습은 확실히 중국의 민속 불교적 인물

각 사찰에서 발견되는 다양한 독성 탱화들

인 '긴 눈썹 나한'의 모습과 일치하는 면이 있어, 그로부터 유래하였을 수도 있다. 더 나아가서 독성은 18나한을 모두 한국적으로 통합한 존재로, 그를 통해 모든 나한을 숭배한다고 볼 수 있다.

독성은 항상 머리가 벗어진 (때로는 정수리가 튀어나온) 노인으로 그려지며, 모자를 쓰는 법이 없고, 자상하고 슬픈 듯한 눈과 길고 흰 눈썹에 승복[30]을 입고 있으며 발은 맨발이고 염주 또는 나무 지팡이를 들고 있다. 시중을 드는 시종이 있는 경우도 있고, 사슴, 학, 서적과 거북이가 주변에 있는

---

29 역자 주―빈두로 존자라고도 불리우는 빈도라발라사는 코삼비국 재상의 아들로서 석가모니 부처님께 귀의하여 구족계(具足戒)를 받았다. 어느 날 목건련과 시내로 탁발을 나갔을 때 어떤 부호가 전단향나무를 공중에 매달아놓고 누구든지 신통력으로 그것을 가져가라고 하는 것을 보고 그가 신통력을 나타내어 그것을 따냈다. 그러나 그 때문에 외도들의 조소를 받았으므로 부처님으로부터 부질없이 신통을 나타내지 말라는 질책을 들었다. 18나한 중의 한 분이다. 또 나반존자(那畔尊者)는 천태산에서 독수선정(獨修禪定)하여 진리를 깨치고 미륵불이 출현하는 용화세계를 기다리고 있다는 전설적인 존재이다.

30 독성의 법복은 한쪽 어깨가 드러난 '남방불교'의 가사인 경우가 많다. 현대 한국의 스님들이 입는 회색 가사를 걸친 경우는 거의 없다. 이는 독성이 한국 사람이 아닌 인도계 사람이라는 것을 증명한다고 볼 수 있다.

각 사찰에서 발견되는 다양한 독성 탱화들

다양한 독성 탱화들

경우도 있다.

일반적으로 옆에 함께 모셔진 산신과 같은 기법으로 그려져 있어, 마치 두 탱화가 한 쌍으로 그려진 듯 보인다. 실제로 두 탱화는 같은 시기에 같은 화가가 사찰 측의 요청을 받고 그린 경우가 많다. 이 한 쌍의 탱화는 대부분 같은 크기의 화폭에 신선대 뒤쪽에 산수도가 그려진 비슷한 장면을 배경으로 하고 있다. 또한 위에서 설명한 장수와 신령의 지위를 나타내는 상징들도 배경 또는 시종이 들고 있는 모습을 통해 공통적으로 그려지는 경우가 많다. 독성과 산신의 그림은 유사한 바가 많아서 세심하지 않은 학자들 중에는 둘을 혼동하는 경우도 있다. 또 세월이 흐르면서 무신경한 화가들의 손에서 두 신령의 상징이나 성격이 뒤섞이는 경우가 많은 데에도 원인이 있다. 이로 인해 독성이 깃털 부채나 산삼 뿌리, 또는 불로초를 들고 있거나 시종으로부터 복숭아를 공양받는 경우도 있고, 산신이 염주를 들고 있거나 수인을 짓고 있기도 하

고, 맨발로 앉아있는 경우도 있어 두 신령의 성격을 흐려놓는 것이다.

최근에는 산신의 경우와 마찬가지로 독성 탱화 앞 제단에 독성상 또는 불상을 놓는 경우가 많다. 간혹 독성이 삼신각의 세 신령 가운데(산신과 칠성 사이)에 있거나 독립적인 사당에 모셔진 경우(이런 경우에는 독성각이라 한다)가 있어, 사찰 내에서 산신보다 높은 지위에 놓이기도 하는데, 이것은 그가 보다 불교적인 신령이라고 보기 때문이다.

독성의 원래 신분이 누구이든 독성은 오늘날까지도 가장 자주 산신과 함께 모셔지는 존재로 남아 있다.

C. 칠성과 제석

대부분의 주요 사찰에는 삼신각이 있고, 산신과 독성 사이에 조금 큰 그림이 걸려있다. 이 그림은 칠성(북두칠성) 탱화라고 하며, 많은 주요 상징직

의미들이 담겨 있다. 이 그림이 삼신 중 가운데 자리하는 것은 사찰 내에서 그 지위가 산신보다 위에 있음을 의미한다. 이것은 어쩌면 칠성이 산신보다 불교적인 신령으로 생각되기 때문일 수도 있다. 만일 사당에 칠성각이라는 현판이 하나만 붙어있다면, 이 또한 같은 효과를 갖는다. 칠성 앞의 제단에는 불상이 놓여있는 경우가 많다. 매우 드물긴 하지만, 때때로 오래된 사찰에서는 칠성이 별도의 사당에 모셔져 있는 경우가 있다. 이 또한 칠성의 위상을 높이는 일이다. 거의 100년 전, 선교사인 클라크는 칠성이 산신만큼이나 보편적으로 숭앙되고 있음을 지적했다.

"모든 사찰에, 아무리 규모가 작은 사찰에도 산신을 모시는 사당과 북두칠성을 모시는 사당이 별도로 있으며, 사당을 세울 자리가 없는 경우에는 최소한 제단이라도 따로 마련해두고 있다."

별자리는 오래 전부터 한국의 '도교적 무속'에서 사용되어 왔으며, 요즘도 다양한 별자리가 각종 행사(보통 깃발로 대표된다)에서 사용되고 있

동악산 도림사에 모셔진 전형적인 칠성 탱화

관룡산 관룡사의 칠성각은 사찰의 아주 중요한 자리를 차지하고 있다.

는데, 특히 민족적인 의미가 담긴 행사에서 많이 볼 수 있다.[31]

한때 칠성이 한국의 민속에서 산신만큼 중요한 존재였다는 것은 확실하지만, 현재는 거의 잊혀진 것 같고 제석불의 경우도 마찬가지다. 일반인들은 그 존재에 대한 확실한 지식도 없이 그 앞에 절을 하는 경우가 많으며, 전문적인 무당들만이 특별히 의미를 두고 있을 뿐이다. 이는 산신 숭배가 지속적으로 번성하고 있는 것과 크게 대조된다.

칠성 탱화에는 일반적으로 위쪽 한 귀퉁이에 정수리가 벗어지고 툭 튀어나왔으며, 희고 긴 수염과 눈썹이 있는 노인이 호리병이 매달린 울퉁불퉁한 나무지팡이를 들고 있는 모습이 그려져 있다. 이 노인은 북극성신인데, 북극성신은 인간의 수명을

동천사의 칠성 탱화 앞에서 기도하고 있는 불교계 만신의 모습

관장한다고 알려져 있다. 그의 모습은 중국에서 유래한 것으로 중국에서는 아마도 북극성신이 가장 널리 숭배되는 민속 신령인 듯하다. 북극성신은 산신이나 독성과 매우 비슷한 모습을 하고 있다. 민속 초상에서 별도로 그려져 있는 경우에는 주로 커

---

31 다음 '한국의 뿌리'에서 설명할 태백산 천제도 여기에 해당된다.

각 칠성 탱화에서 나타나는 전형적인 북극 성신의 모습

오대산 월정사의 칠성 탱화. 최근에 제작된 것으로 아주 다양한 신들
의 모습이 묘사되어 있다.

금강산 칠성 탱화 아래에 그려진 옥황상제는 산신의 모습과 흡사하다.

다란 복숭아를 손에 들고 있거나 수사슴을 타고 있
는데, 이 두 가지 상징물은 산신과 밀접한 연관이
있고, 산신 탱화의 배경에도 자주 등장하지만 산신
이 이러한 모습으로 그려지는 일은 절대 없다. 북
극성신의 가장 두드러진 특징은 정수리가 튀어나
온 것인데 뛰어난 지혜를 상징하는 것인 듯하다.
때로는 무척 과장되게 그려지기도 하고 정수리 끝
이 붉기도 한데 이런 경우는 아마도 남근을 상징하는
것이 아닐까 싶다.

무척 드물긴 하지만, 일곱 부처와 별을 별도
로 그린 일곱 폭과 북극성을 그린 한폭의 그림이
함께 칠성각이나 사찰의 본전에 걸려있는 경우도
있다.[32]

D. 용왕

간혹 용왕이 산신과 함께 모셔져 있는 경우도
있다. 용왕은 바다와 샘물, 강, 연못과 호수, 물고
기, 구름, 비와 폭풍을 지배하는 무속적 존재이며
수많은 전설과 능력, 상징을 보유하며 독자적인 전
통을 가진 신령이다.

용왕은 바닷속 용궁에 살며 한국의 민속에서 어
부들의 수호자를 비롯해 다양한 역할을 수행한다.
용왕 탱화는 용궁의 옥좌에 앉아 용포를 입고 조선
왕조의 왕관을 쓰고 있는 모습으로 그려진다. 언제
나 머리가 흰 노인으로 그려지며 가장 두드러진 특
징은 턱수염과 콧수염, 눈썹 등의 끝이 마치 산호

---

32 울릉도 도동군의 대원사 대웅전에 있는 그림이 그 예다. 그
  외 청도 운문사의 칠성각과 가야산 해인사 삼선암의 삼신각
  역시 그렇다. 아주 특별한 예로서 일곱 명의 여인만 그려진
  칠성 탱화도 있는데, 용인 민속촌 안에 있는 금련사의 칠성
  탱화가 그렇다. 이것은 틀림없이 본래 무당이 모시던 그림이
  었을 것이다.

초처럼 뾰족하게 갈라져 뻗쳐있다는 것이다. 또 눈이 물고기처럼 툭 튀어나온 경우도 많다. 대개는 손에 불꽃이 이는 구슬을 들고 있지만 산호 가지나 칼을 들고 있는 경우도 있다.

바다의 지배자인 용왕과 육지의 산신은 둘 다 '왕'이며, 독특한 '한국의 신령'으로서, 서로 보완적인 위치에 있다는 것이 분명하며 음양을 이루는 짝이 된다고 할 수 있다. 여기에 천상의 칠성·제석과 어울리면 천·지·해의 삼위일체를 이루는 것이다. 대사찰 해인사의 팔각 삼신각처럼 독성과 산신, 용왕이 함께 모셔진 경우, 이들은 고차원적인 신령의 세계와 지상의 세계, 그리고 지하·해저 세상의 삼위일체를 이룬다.[33]

E. 다른 부속 인물 및 장소

산신과 함께 모셔진 신령 중에는 한국의 시조인 단군, 삼신 및 지역 고유의 신령들이 있다. 때때로 작은 사찰에는 사찰의 건립자(또는 서산대사 같은 다른 역사적인 고승들)가 산신각에 함께 모셔진 경우도 있다.

그 외에 독특한 경우는 강원도 태백산과 가까운 영월시의 사찰들에서 볼 수 있는데, 이곳에는 퇴위당한 단종(재위 1452~1455)이 산신 옆에 모셔져 있다. 나이 어린 단종은 삼촌인 세조(재위 1455~1468)에 의해 태백산 깊은 곳에 유배당했는데, 귀양지로 가는 길에 영월에 잠시 멈추었을 때

사약을 받고 죽었다. 그런데 그 다음날 출장을 갔다 돌아오던 지역 관리 한 사람이 길에서 백마를 타고 있는 단종의 귀신을 만났다. 그 관리가 단종에게 어디로 가는 길이냐고 묻자 단종은 산신이 되기 위해 태백산으로 가는 길이라고 대답했다고 한다. 그때부터 단종은 '독립적인' 태백산신, 또는 '부수적인' 태백산신으로 추앙을 받게 되었다.

태백산의 산신은 이미 오래 전부터 다양한 형태로 명성을 누리고 있었다. 태백산신에 대한 제례는 한국 역사의 초기부터 기록되었다. 765년 신라의 경덕왕은 태백산신이 궁전 마당에서 춤을 추는 것을 보았는데, 매우 상서로운 징조로 생각되었다. 628년 신라의 고승인 자장율사는 태백산을 방문하여 동남쪽 봉우리를 문수봉(文殊峰, 지혜의 보살인

선도산 영흥사에 모셔진 최근에 제작된 용왕 탱화

---

33 내가 이 사진을 찍은 것은 1982년 12월이다. 그런데 그 후 1990년경에 사찰을 개수할 때 성철스님의 명령으로 산신과 용왕이 사라져버렸다. 이때부터 이 사당에는 독성만 모시게 되었고 전각 이름도 독성각으로 바뀌었다.

낙동강의 발원지라고 알려진 태백산 청원사에 모셔
진 용왕각

운면산 대성사의 칠성 탱화에 나타난 용왕의 모습

문수보살의 이름에서 비롯됨)이라고 불렀고, 그 이름은 지금까지도 사용되고 있다. 그리고 자장율사는 마야부인(석가모니의 모친)을 모시는 사당과 제석불(帝釋佛)을 모시는 사당을 주봉 위에 지어 이들을 태백산신으로 모셨다. 태백산 근방의 마을 사람들은 오래 전부터 '천산신', 또는 '서낭산신'에게 제사를 지내고 있었다.[34]

단종을 태백산신으로 모시는 것은 이미 존재하는 산신의 존재와 충돌하는 것이 아니라 오히려 이를 보강하는 것이다. 태백산 지역의 산신각에는 대부분 일반적인 산신 탱화 옆에 단군의 초상이 모셔져 있다. 그리고 수십 년 전에는 이 지방의 한 여인의 꿈으로 인해 태백산 봉우리 바로 아래쪽(망경사로 가는 오솔길의 왼쪽)에 단군을 산신으로 모시는 특별한 사당이 세워지기도 했다.[35]

---

34 천산신을 모시는 제에서는 일 년에 두 번씩 태백시의 주민들이 천단(天壇) 앞에 도끼를 묶어 놓은 다음 뒤를 돌아보지 않고(뒤를 돌아보면 벌을 받는다고 믿음) 물러나온다. 그로부터 3일이 지난 후, 시 정부의 관리가 그 도끼를 가져와서 천산신제에 바친다. 서낭당신을 모시는 예로 당골리 사람들은 매년 음력 사월 초파일(석가탄신일)부터 음력 5월 5일(단오날)까지 이 마을의 서낭당에 서낭당신이 강림한다고 믿는다. 1970년대 정부가 벌인 소위 '정화계획' 이전에는 전국에 걸쳐 수백 개의 사원, 전각, 제단들이 존재했었다.

35 제2장 1에서 설명한 두 분의 스님과 아주 비슷한 경우이다. 이 두 산신은 성격이나 기원에 있어서 전혀 다르면서도, 종교적인 역할에 있어서는 동일한 이위일체, 즉 둘이면서도 하나인 존재이다. 이 사원은 최근에 단종산신을 기리기 위해서 망경사에서 산 정상으로 올라가는 길가에 세워졌다. 김씨부인이라는 사람의 꿈에 단종이 나타나 자기가 지금까지 오랫동안 태백산에 살았는데 아직도 자신을 모셔주는 곳이 하나도 없다고 한탄을 했다고 한다. 김씨부인은 그냥 그 꿈을 무시했는데 그 후로도 꿈은 계속되었다. 한낱 보잘것없는 여인에게 그것은 너무 큰일이어서 엄두도 못 내고 있었는데 단종은 "일단 시작만 하면 되게 되어 있다"고 했다. 그런데 정말 신기하게도 돈이 마련되었고, 제대로 된 길이 없었는데도 어찌어찌 산등성이까지 트럭에 싣고 올린 다음, 32명이 15일에 걸쳐서 비석을 지금의 자리로 옮겨 결국 단종비각을 지을 수 있게 되었다고 한다.

만일 사찰이 너무 작거나 산신각이나 삼신각을 세울만한 경제적 능력이 없으면 산신 탱화를 대웅전에 모셔놓기도 한다. 이때는 불단의 옆에, 주로 신중 탱화(다음 장 참조) 가까이에 둔다. 불국사를 신라 당시 모습으로 재건할 때에는 산신 신전을 따로 짓지 않았다. 따라서 산신 탱화는 아미타불전의 뒷벽 왼편에 모셔져 있다. 야외에 산신 신전을 지을 수도 있는데, 새로 짓는 사찰에서는 인공 동굴을 만들거나 절벽에 커다란 부조를 새기는 경우도 있다.

F. 신중 탱화, 또 다른 산신의 모습

한국의 불교 사찰의 본전인 대웅전에는 내부 동쪽 벽 불상의 오른편에 커다랗고 정교한 신중 탱화가 걸리는데, 화엄 탱화라고 부르기도 한다. 그 앞에는 신중단이 있어 향을 사르고 음식과 물, 돈 등을 공양한다. 이 그림에는 작게는 다섯에서 많게는 수백 명의 인물이 그려져 있는데, 중앙에 한두 명의 큰 인물들을 중심으로 그려진다. 이 그림은 하늘과 땅에 존재하는 모든 '소소한 신령'들(부처와 보살, 나한들보다 지위가 낮은 신령-범어로 Devas)을 나타내는 것이며, 중앙에 있는 지도자 신령을 도와 불교의 신들과 사찰들에 가르침을 수호하는 역할을 한다. 신중 탱화의 모든 신들은 어떤 이유에서인지 모두 힌두교에서 유래한 신들이다.[36]

중심의 커다란 인물[37]은 갑옷을 입고 날개 장식이 달린 투구를 쓰고 날의 끝이 갈라진 금강저(Vajra)를 들고 있으며, 흔히 신장이라고 불린다. 원래 한국식 이름은 동진보살[38]인데, 그의 유래는 중국과 인도까지 거슬러 올라간다. 인도에서는 스칸다 데바(Skanda deva)라고 부르며, 힌두교의 여신 시바의 아들이라고 알려져 있다. 불교의 전설에 따르면 석가모니가 열반에 든 후 화장을 했는데, 한 마귀가 사리를 한 개 훔쳐냈고 스칸다가 그 뒤를 쫓아가 사리를 되찾아 왔다고 한다. 이 일로 그는 모든 신장(Vihara pala: 사찰을 지키는 수호신령들)의 우두머리가 되었고, 특히 한국의 조계종과 같은 선종에서 추앙을 받고 있다. 선종이 북동아시아에서 주도적인 종파로 자리를 잡으면서 그는 단순한 데바(신령)에서 보살의 지위로 승격되었다. 그의 화려한 '날개 장식' 투구는 한국에서만 나타나는 것이

---

36 Beopta seunim 1998. 인도의 불경에서는 힌두교에서 유래한 산신과 뱀신이 나오는데, 이들은 승가(Sangha)와 법(Dharma)을 수호하는 역할을 한다. 이들이 한국에서 산신과 용왕으로 변한 것이나.

37 때로는 그 위에 아주 무시무시하게 생긴데다 팔이 여러 개 달려있는 괴물이 있기도 한데, 이 괴물은 몽골이나 티벳에서 유래한 것이다. 그 외의 인물은 모두 다 중국식의 인물인데 비해서 이들의 모습은 항상 돋보인다.

38 역자 주―산스크리트 쿠마라부타의 한역이며, 구마라부다(究摩羅浮多) 등으로 음역한다. 그 변상도(變相圖)에서 얼굴을 동그랗게 묘사, 동자(童子)를 닮았다 하여 붙여진 이름이다. 초선천의 주(主)로서 색계(色界) 대범천(大梵天)에 있는 높은 누각에 살며 신앙의 대상이 되기도 한다. 밀교(密敎)의 세계를 그린 만다라(曼陀羅)에서는 대자재천(大自在天)의 아들로서 태장계(胎藏界)의 외금강부(外金剛部) 등에 그려진다. 불교에서는 제석천(帝釋天)과 더불어 불법의 수호신으로서, 부처가 세상에 나타날 때마다 먼저 설법(說法)을 청하여, 언제나 부처를 오른편에 모신다고 한다. 또 불경을 간행할 때 권두나 권말에 동진보살 상을 판각, 경전 수호의 상징으로 삼는 경우도 있다. 동진보살에 대한 신앙은 한국 불교의 신중 탱화(神衆幀畵)에서도 찾아볼 수 있으며, 그 주위에 십이지신상(十二支神像)과 팔부신장(八部神將) 등이 그려져 있다. 이는 사미(沙彌)나 삭발을 하지 않은 동자(童子)를 가리키기도 한다.

다. 원래 '한국의 첫 제사장 혹은 무당'(시베리아 무
속에서 유래)의 모습에서 유래한 것으로 하늘로 날
아오르거나 지옥에도 출입할 수 있는 능력을 상징
한다. 이러한 날개는 시베리아계 무당의 머리장식
에 달린 '날개' 또는 불교가 전래되기 이전 신라의
왕들(당시 왕은 제사장과 무당의 역할을 겸했음)의
금관과 매우 유사한 모습을 하고 있다.

도봉산 구봉사. 부처님, 산신, 칠성이 본전에 불상과 나란히 모셔져 있다.

팔봉산 동쪽 약사암의 화강암 언덕에 새겨진 산신과 독성의 모습

치악산 관음사에 모셔진 크고 화려한
신중 탱화

신중 탱화에 나타나는 다양한 모습의 산신

동진보살 주변에 있는 관리·제왕 신령이나 군사·데바(Devas) 신령들 중에는 거의 항상 산신으로 볼 수 있는 인물이 들어있다.[39] 대부분의 경우 중간 부분에 숨겨져 있지만, 때로는 맨 위, 또는 아래쪽에 두드러지게 그려진 경우도 있다.[40] 대부분

---

[39] 독성이나 단군은 절대 나타나지 않는다. 독성은 나한으로서 이미 부처님의 제자이며 따라서 이러한 수호 신령들보다도 높은 지위에 있다고 볼 수 있다. 단군은 석가모니 부처님보다도 훨씬 이전에 살았던 인물로 전해지기에 석가모니 부처님의 수호신이 될 수는 없다. 아니면 단군은 산신이 되었다고 했으니 산신이 나타남으로써 이미 다시 나타날 필요가 없었다고 볼 수도 있겠다.

[40] 몇몇 학자들의 주장과는 달리 여기서 그림의 아래나 위에 위치하고 있는 것이 그 신령의 지위와는 크게 연관이 없어보인다. 대부분의 경우 장군신령들이 제일 아래에 위치하지만 (산신을 비롯해서) 다른 신령들의 위치는 천상에 있거나 또는 아래쪽 지상의 신령들 사이에서 자유롭게 변할 수 있다.

김룡사 위쪽의 대성암에 모셔진 산신 탱화. 아주 뛰어난 작품으로 한 손으론 호랑이를 쓰다듬고 다른 손으론 불로초가 매달린 지팡이를 들고 있다.

오대산 상원사의 신중탱화에서는 산신이 동진보살의 바로 아래에 새의 깃털로 된 부채와 광주리에 담긴 불로초를 든 모습으로 나타나 있다.

1993년 설악산의 12선녀탕 계곡

용왕도 그려지는데, 산신의 옆 또는 반대편에서 보완하는 위치에 있다.

여기에 등장하는 산신은 탱화에 그려지는 산신과 몇 가지 공통점이 있지만 다른 점들도 있다. 흰 머리에 붉은색 장삼을 입은 노인으로 그려지는 것은 공통적이며, 갖가지 상징적인 모자를 쓰고 깃털 부채나 불로초, 산삼 뿌리를 들고 있는 것은 같지만 전체적으로 산신 탱화보다 틀에 박힌 모습으로 그려진다. 그러나 여기서는 항상 서 있는 모습으로 그려지고 소나무나 호랑이는 등장하지 않으며, 뒤쪽에 산수 배경도 없다. 실제로 산신은 그림 안의 몇몇 신령들과 비슷한 모습을 하고 있어 구별하기 힘들며, 다만 손에 들고 있는 것이나 친절하고 현명한 얼굴 정도로 판별할 수 있다. 그는 이 그림에서 사찰이 자리한 산이나 어떤 특정한 산도 대표하지 않으며, 다만 내가 규정한 '2단계'에 해당하는 일반적인 산신 도사의 모습을 보여준다.

제3장

한국의 신앙 전통에 있어서의 산신

영양군 무량사의 산신 탱화.
한 손에는 학의 깃털로 된 부채를 들고 있고
다른 손으로 호랑이를 쓰다듬고 있다.
아주 드물게 산신이 나뭇잎으로 된
도롱이를 입고 있다.

한국의 신앙 전통에 있어서의 산신

북한산 국립공원의 남장대 아래에 사리잡은 문수사

산신은 유사 이래 한국에서 융성했던 거의 대부분의 종교와 함께 어우러져 보완 관계를 유지해 왔다. 종교적으로 반대하는 경우라 할지라도 산신을 중요한 존재로 인정해 왔다는 것은 부인할 수 없다. 한국의 무속 및 단군을 기초로 하는 민족주의와 외국에서 전래된 불교, 도교, 성리학 및 기독교는 산신 신앙에 대해 각기 다른 방법으로 대응해 왔다.

1993년 10월 3일 개천절에 있었던 태백산 천신제의 모습

1. 한국의 뿌리:
단군신화와 초기 민족주의

13세기에 국사 일연 대사(1206~1289)가 한반도의 신화와 역사를 모아 편집하여 편찬한 삼국유사는 중국과 만주, 몽고의 영향에서 벗어나 문화적·정치적으로 독립된 나라를 이루어낸 한국의 민족적 정체성을 보다 확고히 하고, 고려 왕조가 문화적·정치적으로 신라 왕조의 정통을 잇고 있다는 주장을 뒷받침하기 위해서 쓰인 책이다.

이 책은 환인 '천황' 환웅과 그의 외아들인 단군에 대한 설화로 시작된다. 한국의 무속적 민족주의자들 중에는 이 셋이 '성 삼위일체'를 이룬다고 주장하는 사람들도 있지만, 조자용 박사는 이들을 한국의 태극으로 상징되는 삼신의 실현 중 하나로 본다. 환인은 태백산을 택해 작은아들 환웅을 내려보낸다. 환웅은 이곳에 신령한 도시를

건설하고 원시 문명 국가를 세웠다. 그리고는 곰에서 사람으로 탈바꿈한 웅녀와 결혼한다. 웅녀는 단군을 낳았고, 단군은 평양에 도읍지를 정하고 한국의 첫 왕조인 조선을 건국한다. 여기서 흥미로운 점은, 삼국유사에 따르면, 신인이 하늘에서 내려와 고조선을 세우는 일은 모두 홍익인간(널리 인간을 이롭게 한다)의 정신을 퍼뜨리기 위한 것이었다는 것이다. 이 단어는 한국의 문화에서 매우 흔히 쓰이는 말이 되었다.

이 신화는 현대 한국의 전통 문화와 민족적 정체성에 대한 인식에 있어서 중심적인 역할을 하고 있으며, 이 신화를 기초로 매년 10월 3일을 개천절(하늘이 열린 날)로 지정해 법정 공휴일로 삼고 있다. 전국적으로 아침 일찍부터 각종 행사가 치러지는데, 그 중에서도 가장 관심이 집중되는 것은 화려한 태백산 천제이다. 태백산 천제는 태백산맥과 소백산맥이 갈라지는 곳의 산봉우리에 위치한 고대의 돌제단에서 치러진다. 나는 1989년 이래 세 번이나 이 행사를 참관했다. 이 행사는 이 지방의 민족주의 단체에서 후원하고 진행하는데 성리학, 도교, 무속적인 전통이 한데 어우러진 행사라고 할 수 있다. 이에 대한 자세한 설명은 미국 캘리포니아주 로스앤젤레스에서 출판된 *Korean Culture* 저널의 2001년 겨울판에 실린 나의 논문을 참조하기 바란다. 신화는 이렇게 끝을 맺는다.

"그는 이후 수도를 백악산(白岳山)의 아사달(阿思達)로 옮기고 1500년간 통치했다. 그러다가 기원전 1122년 주(周)나라의 무왕(武王)이 기자(箕子)를 조선으로 파견했고, 단군은 창당경(藏唐京)으로 옮

겨갔지만, 나중에 1908세가 되었을 때 산신이 되어 아사달로 돌아와 은둔했다.”

여기서 한국의 시조인 단군은 산신이 되어 은둔하는데, 이것은 아시아의 도교나 불교에서 뛰어난 인물들이 높은 산으로 들어가 칩거하며 참선과 금욕, ‘도’를 수련하여 깨달음을 얻으면 신선이 된다는 사상과 매우 유사하다.

이 신화를 좀 더 깊이 분석하면, 하늘을 숭배하는 부족(시베리아에서 온 침략자들)이 문화적으로 뒤떨어진 곰 숭배 부족(고대 만주)을 흡수해 조선이라는 청동기 시대 왕조를 형성했고, 대를 이은 단군(여기서는 ‘제사장 군주’를 의미하는 직위이며 개인의 이름이 아니다. 최근의 학설에 따르면 조선에는 33명의 단군이 있었다고 한다)이 통치했다고 이해할 수 있다. ‘중국’ 왕조가 탄생한 황하 상류로부터 철기 무기와 문화가 들어오면서, 주나라의 신하(아니면 상(商)나라의 왕자나 망명자)인 기자가 조선을 정복하고, 마지막 단군은 ‘근방의 산 속으로 은둔해 산신이 되었다’고 보는 것이다(어쩌면 처음에는 실제로 산속으로 숨어들었을 가능성도 있다). 기자와 그의 후손들의 통치하에 중국식 문명이 자리잡았고, 한국의 토속 무속은 중앙에서 밀려나 드넓은 산악 지대에 퍼져 사는 일반인들에 의해 지금까지 존속하게 되었다. 산신은 단군이 이끌었고, 한때 한반도 전역을 장악하던 무속적 문명의 주요 유산이었고, 지금까지도 그 존재가 남아있다. 말하자면 한국의 토속 문화의 상징으로 외국에서 들어온 새로운 사상에 의해 압도당했지만, 일반인들 사이에서는 마치 망명 중인 부속적·민속수

의적 정부처럼 깊은 산 속에서 그 명맥과 정통성을 유지해온 것이라고도 할 수 있다.

환웅이 정상에 내려와 ‘신성한 성채’를 세웠으며, 단군이 태어난 산이 정확히 어느 산인지는 밝혀지지 않았다. 일연 대사는 그 산을 ‘태백산’이라고 불렀고 시대에 따라 그 정체는 현재 북한에 있는 백두산, 묘향산, 구월산 등으로 해석되기도 했고, 때로는 남한에 있는 태백산이라는 주장도 있었다. 물론 남한의 태백산이 신화의 ‘태백산’이라는 설은 태백산 주변의 민족주의자들 외에는 별로 믿

태백산 당골 계곡에 모셔진 단군 사당의 단군 초상

는 사람이 없다. 다만, 현재 비극적인 남북 분단으로 인해 북한에 왕래할 수 없는 관계로 단군과 그 조상에 대한 제사를 올리기 위해 이름이 같은 태백산을 편의상 이용하고 있다고 보는 것이 옳을 것이다. 일연 대사는 환웅의 태백산은 묘향산이라고 주장했는데, 이는 묘향산이 태백산으로 불리기도 했으며, '단군 동굴'이 묘향산에서 발견되었기 때문이라고 설명했다. 1920년대 저명한 민족 중흥 역사학자인 최남선은 백두산을 기리고 연구하는데 많은 노력을 기울였지만, 단군이 태어난 산이 실제로 어느 산이었는지는 중요하지 않다고 주장했다. 현대 한국의 학자들은 백두산이 태백산이라는 이론에 중론을 모으고 있지만, 이러한 결론은 물증에 근거한 것이라기보다는 대중적인 민족 의식을 근본으로 하는 것이다. 주요한 고대 철학 도표인 천부경(天符經)[1]이 묘향산에서 발견되었고, 이것은 고조선 시대부터 유래한 것이라고 여겨졌다. 현대의 학자인 김체원은 매우 흥미로운 결론을 내렸는데, 환웅의 태백산은 인도의 메루산(Mt. Meru: 수미산, 須彌山)이나 고대 중국의 곤륜산(K'un-lun Mountain: 곤륜산, 崑崙山)처럼 우주의 축이며 신들이 살고 있다고 하는 신화 속의 성산(聖山)이라는 것이다.

단군이 산신이 되어 은거했다는 산의 정체는 그

태백산 당골 계곡의 단군 사당에 모셔진 단군상

보다 조금은 더 확실하다. 물론 앞에서 말한 세 가지 고대의 명칭이 큰 도움이 되지는 않지만, 그레이슨(James Grayson) 교수를 비롯한 학자들은 묘향산이나 구월산이 가장 유력하다고 주장한다. 두 산 모두 현재의 평양에 가까이 있으며, 고대의 '아사달'도 현재의 평양이거나 그 부근일 것이라고 추정되기 때문이다.

단군 신화에서 가장 우리의 흥미를 끄는 것은 그가 '천신의 아들'로 산에서 태어났다는 것과 마지막에 산신이 되었다는 점인데, 이것은 한국만 아니라 동아시아 문화에서 흔히 볼 수 있는 것이다.

김회우 교수는 단군 신화는 고대 산신 숭배의 뿌리를 보여주는 것이라고 주장한다.

"신화 속의 산은 신이 지상으로 내려오는 지점으로 개념화 될 수 있는데, 이 지점은 신이 살고 있는 곳이며, 사람들이 신에 경배하는 장소가 된다. 따라서 단군 신화는 단군이 산으로 들어가 산신이 되었다고 하는 것이다. 산은 신들이 사는 하늘과 인간이 사는 땅 사이에 존재하며, 두 세계를 연결

---

1 역자 주—천부경은 말로써 전해 오던 것이 신지 혁덕(神誌 赫德)에 의하여 녹도문자(鹿圖文字)로 기록되었고, 뒤에 신라의 고운 최치원(孤雲 崔致遠) 선생께서 신지(글을 맡은 사관 벼슬 이름)가 쓴 그 천부경이 전자(篆字)로써 옛 비석에 적힌 것을 찾아내어, 그것을 작은 수첩에다 한자로 옮겨 세상에 전하게 된 것이라고 알려져 있다. 그런데 이 경전은 오랫동안 묻히게 되었는데, 특히 조선 왕조에 이르러서는 유교의 득세로 완전히 잊혀졌다가, 1916년에 선천(宣川) 계연수라는 사람이 묘향산 석벽에서 이를 발견하였다고 한다.

해 주는 곳이다. 이러한 개념에서 볼 때, 산은 '세상의 산'이 될 수도 있고 '우주적인 산'이 될 수도 있다. 이러한 우주적인 산의 개념은 산신 신앙의 원천이라고 할 수 있다."

유동식 교수는 여기서 더 나아가 하느님께 바치는 (집합적인 마을의 희생) 의식의 변천을 통해 이러한 근본적인 문화 요소의 연관성을 찾아낸다.

"……점차적으로 추수와 마을의 안녕을 통제하는 산신에게 희생물을 바치는 마을 공동체의 축제로 변천한다. 한국의 산신은 원래 천상에서 내려온 신들인 것이다……"

그레이슨 교수는 또한 두 종류의 신이 합성되는 과정에 주목한다. "호랑이와 산신의 연관은 매우 중요한데, 시베리아의 퉁구스족은 사냥의 신을

내장산 남쪽 백양사에 있는 산신 탱화에서는 뒤로 백두산 정상이 있는 천지가 보이고 호랑이는 성스러운 백호의 모습이다. 이는 아주 독창적인 모티브라고 할 수 있다.

숭배하며, 그 신은 흰 수염을 기르고 호랑이를 타고 다니는 노인이다. 산마루나 강둑에서 이나카(Bainaca)라고 하는 이 신경에게 기도를 드린다. 이와 마찬가지로, 한국인들은 지금까지도 산마루에 돌을 쌓는 것으로 산신을 모신다. 단군에 대한 묘사나 그의 역할에 대한 개념, 또 그에게 비는 방법 등을 볼 때, 시베리아에서 자연적 현상을 지배하는 주신(主神: Master Spirit)과 동등한 존재임을 알 수 있다."

단군이 한국 문화에서 중심적인 역할을 담당하기 시작한 것은 금세기 초에 들어 서구(기독교) 문화의 도래와 일본의 침략으로 민족주의가 부활하기 시작하면서부터이다. 일연 대사는 단군을 한국의 첫 왕이라고 묘사했지만, 많은 한국 사람들은 단군을 모든 한국인들의 조상으로 오인하고 있다 (따라서 모든 한국 사람들은 한 집안이 되는 것이다). 이러한 관념은 이제 한국 대중문화에 널리 퍼져있고, 위에서 얘기한 단군과 산신의 합성과 더불어 산신은 이제 (특정 지역의) 자연을 다스리는 막연하고 두려운 존재가 아니라 막연하나마 혈연을 나눈 조상(최소한 할아버지 같은 모습의)과 같은 존재로 인식되기 시작했다. 유 교수는 유교적 마을 산신제의 성격을 '집안'을 초월해 마을 사람들을 사회적으로 단결시키는 역할을 하는 일종의 단체 제사로 설명하고 있다.

같은 맥락에서, 고려 왕조 이래로 정치적이나 국가적인 위기가 닥쳐오면 한 핏줄을 나눈 '민족의 단결'을 유도하는데 단군의 개념과 이미지를 사용했다는 것은 주목할만한 일이다. 이러한 개념은 한국이 중국, 만주, 일본 등의 이웃 나라에 정체성을 주장하는 데도 한몫을 했다. 조선의 왕 세소는 한

지리산 남쪽 청학동의 천궁 앞에서 한 처녀가 단군과 그 자손들을 위해 기도하고 있다.

국의 왕의 권한은 중국의 황제가 아니라 시조인 단군으로부터 유래한다는 말을 한 것으로 공식 역사에 기록되어 있다. 경제 붕괴로 정통성에 대한 위기를 겪고 있는 북한의 공산 정권도 1994년 단군의 묘소와 유골을 발견했다고 주장하며 단군을 정치적으로 '이용'하기 시작했다. 지금까지 산신은 이런 식으로 이용된 적이 없다. 적어도 아직까지는.

대중문화의 상상력의 영역에서 이 두 신령의 연합은 역사의 기술적 부정확성에도 불구하고 서로의 권한을 상호 상승시키는 효과를 가져왔다. 단군은 단순히 오래 전에 세상을 떠난 한반도 최초의 왕이 아니라 한반도의 모든 산에서 찾을 수 있는 살아있는 신이 되었다. 산신은 특정한 산의 개별적인 신에서 한반도 전역의 자연환경(한반도는 대부분 산지로 이루어져 있으므로)을 지배하는 집합적인 신으로 부상했다. 이렇듯 한민족의 공동적 조상의 상징이라는 역할이 더해지면서, 산신은 한반도 전역에서 기본적이고 중심적인 신으로 부상하게 된 것이다. 그레이슨 교수도 이렇게 평가했다.

"산신의 고유하고 득특한 특징은 한 특정한 산의 신이 아니라 모든 산을 지배하는 신이라는 것이다. 유동식 교수는 산신이 실제적으로 한국의 시조인 단군의 화신이라는 이론을 제시했다. 하늘을 지배하는 천인의 손자인 단군은 산에서 태어났고, 지상의 왕위에서 물러난 후에는 산신이 되었기 때문이다."

그레이슨 교수는 1996년 서울에서 강연을 하는 자리에서 시조인 단군이 어떤 '특정한 산에서' 한반도의 '모든' 산의 집합적인 산신, 또는 장군이 되었다는 것이 자신의 이론이라고 했다. 그렇다면 단군과 산신의 연합인 존재는 내가 규정한 중간 단계에 속하게 된다. 나는 자료를 수집하는 중에 이러한 이론에 대한 증거를 전혀 발견할 수 없었고, 따라서 이러한 주장에 동감할 수 없다. 내가 보는 바로는 모든 번역물에 나타났듯이 (그레이슨 자신의 번역까지 포함해서) 단군은 한 '특정한 산에서' '개별적인' 산신이 되었을 뿐이다. 단군이 산신이 된 것

1993년 태백산 만경사의 삼성각 내부 모습. 죄로부터 단군, 산신, 그리고 독성이 모셔져 있고 그 앞에 하나의 향을 바치고 있으나 촛불과 물잔은 각각 따로 바쳐졌다.

은 앞서 얘기한 박혁거세, 단종, 그리고 선운사의 쌍둥이 승려의 경우와 같다. 따라서 단군의 경우가 특별히 달라야 할 이유를 생각하기 어려우며, 또 일연 대사가 단군의 경우를 특별히 다르게 취급하고자 했다는 증거도 찾아볼 수 없다. 또한, 만일 단군이 '통합적인 산신'이 되었다면, 그의 초상이 산신의 초상과 결합되었을 것인데, 그러한 일은 일어나지 않았다. 그러므로, 나는 단군과 산신의 합일을 내가 규정한 고급 단계에 포함시킨다.

그러나 단군이 '통합적인 산신'이 되었다는 이론이 대중적, 또는 철학적으로 매력 있는 생각이라는 사실은 부정할 수 없다. 이러한 논리는 한반도에는 백두산에서 태백산맥을 따라 한 줄기의 지기(地氣)가 흐르고 있다는 풍수지리 이론과 맞아떨어질 뿐 아니라 현재 인기를 얻고 있는 단군의 '국민적 조상'의 개념과도 일치한다. 하늘의 신과 인간의 합치, 인간의 조상신과 지구·자연신의 합치는 한국의 삼색 태극으로 표현되는 범 동아시아적 성리 철학의 개념인 하늘·인간·땅의 독립적인 삼위일체 개념의 구체화이다.

단군의 초상이나 입상을 보면, 숱이 많은 검은 머리와 수염이 있고, 금속 밴드 외에는 특별하게 머리에 쓰고 있는 관은 볼 수 없다. 또 간단한 흰색, 또는 연한 고동색 도포를 입고 허리를 노끈으로 묶었는데, 이러한 노끈은 서낭당이나 순수하게 무속적인 사당에서 볼 수 있는 것이다. 이렇게 노끈으로 묶은 도포는 산신 도사가 입고 있는 의상에서도 볼 수 있다. 단군은 나무 의자에 앉아 유교 스타일로 두 손을 소매에 넣고 있다. 그의 어깨에는 나뭇잎 망토(나뭇잎의 종류는 그림에 따라 달라진다)가

서울 북동쪽 도봉산의 천진사에 있는 거대한 단군 조상이 절을 내려다 보고 있다.

걸쳐진 경우가 많은데, 때로는 머리 또는 허리까지 넓게 펼쳐져 내리기도 한다. 이러한 나뭇잎 망토는 (위의 다른 상징들과 더불어) 중국의 신화에서 중국 문명을 일으켰다고 하는 복희씨(伏羲氏)를 그린 전통 중국의 초상에서 따온 것 같다.[2] 이는 이런 복장이 '원시적이고 자연과 가까운' 고대 시조의 복장임

2　복희씨가 만들어 낸 것 중에는 주역의 팔괘도 있다. 이 팔괘 중의 네 개가 태극기에도 나타나며 이들 팔괘를 조합하면 64개의 조합을 얻을 수 있다. 복희씨의 재위 연도는 단군의 재위 연도와 상당히 유사하다.

을 나타내는데, 중국으로부터 문화적·정치적으로 독립된 한국의 정체성을 상징하는 인물에게 이러한 복장과 상징물들을 부여한 것은 아이러니가 아닐 수 없다! 앞서 열거한 모든 상징적인 요소들은 단군을 산신과 확실하게 구분 짓는 것이다. 간혹 산신과 그를 수행하는 동자가 나뭇잎 망토를 걸치고 있는 것으로 그려지는 몇몇 예외적인 경우가 있지만, 이것은 이 두 신령이 매우 연관성이 있음을 나타내는 것일 뿐이다.

2. 한국의 무속: 제례 및 순례

아직까지도 발전 단계에 있는 무속 연구는 거의 모든 면에서 뜨거운 논쟁이 일고 있다. 이것은 부분적으로는 무속에 대한 기록의 거의 없다는 사실 때문인데, 무속이 역사적으로 지식층의 지속적인 박대를 받아온 것에 기인하는 것이며, 그밖에도 무속인들이 연구가들에게 전하는 정보가 일관성이 없다는 사실에도 문제가 있다.[3]

대부분의 한국 만신들에게 산신은 매우 중요한 신령으로, 이들은 대를 이어 산신을 모시고 기도하며 산신으로부터 신기를 받았다. 만신이 굿을 하는 산의 산신은 본향 산신(주로 만신의 고향, 또는 만신의 아버지나 남편의 고향)이라고 하는데, 본향 산신이나 일반적인 산신 도사까지도 만신을 심적·

영적으로 정화시키며 안정을 주어 '높은 인지력'을 부여하고 신들린 상태에 이르도록 돕는다.[4] 거의 모든 굿의 제2단계는 산신에게 '보호'를 비는 기도로 시작된다. 황해도의 현대 내림굿은 3일에 걸쳐 진행되는데, 첫 단계는 '산신고사'로 시작되며, 셋째 날 신참자가 영(들)에게 인정을 받을 때는 '단군과 산신'이 각각, 또는 다같이 '민족 만신'이 되어 홍익인간의 정신으로 모든 사람을 도울 것을 명령하게 된다. 이러한 모든 요소들은 종합적으로 무속의식에서 산신이 주도적 위치에 있음을 보여준다.

승려와 산신의 결혼에 한국 무속의 뿌리를 두는 널리 알려진 전설이 있다. 옛날 옛적, 지리산 엄천사(嚴川寺)에서 깨달음을 얻은 법우화상(法祐和尙)이라는 승려가 좌선을 하고 있다가 지리산 천왕봉으로 올라가 천상에서 쫓겨나 지리산신이 된 옥황상제의 딸을 만나게 되었다. 그들은 결혼했고, 이들에게서 태어난 여덟 딸들은 '팔도 무당의 원조'가 되었다고 한다.[5]

만신이 사용하는 산신도는 제2장에서 자세히 설명한 산신 탱화와 매우 유사하지만, 훨씬 단순하며 만화적으로 표현되어 있다. 산신이 쓰고 있는 관모

---

3 한국에서 생활해 본 사람이라면 누구나 이 말에 공감할 수 있을 것이다. 사업가로서 정부의 규정에 대해서 알아 보려고 할 때든지, 여행을 하면서 목적지로 가는 길을 물을 때든지, 자신이 모시는 신의 속성 또는 각 상징의 뜻을 물을 때든지 누구나 똑같은 문제에 부딪친다. 즉 말하는 사람에 따라서 대답이 제각각이라는 것이다.

4 양종승 1995 pp.48~50 참조. 이는 내가 그동안 만나본 만신과의 대화나 참여해본 굿에서도 여실히 증명되었다. 한국의 역술가 중에서도 산신의 도움을 받아 예지력을 키우는 일이 많다.

5 조지훈 1962. 나 역시 이러한 이야기를 몇 년에 걸쳐서 서로 다른 곳에서 들을 수 있었다. 엄천사는 지금은 전하지 않지만 지리산 북쪽의 백무동계곡에 있지 않았을까 싶다. 만신이 굿을 하는 도중 이 이야기를 하는 경우도 많다. 상당수의 만신들은 자신이 이 여덟 딸의 영적인 자손이라고 믿고 있다. 17세기에 쓰인 또 다른 이야기에는 태백산신에게 한국의 8도를 상징하는 여덟 명의 아들이 있었다고 하는데 이는 지리산 전설과 연관이 있는 것으로 보인다.

는 보다 화려하며 갖가지 상징들은 과장되거나 양식화되어 있다. 또 배경도 단순하고 동물이나 시종이 등장하지 않는 경우가 많다. 일반적으로 산신은 마치 장군 신령 그림처럼 말을 타듯 (그러나 안장이나 고삐는 없이) 호랑이 등에 타고 있다. 만신의 신당에 모신 이러한 산신도는 일반적으로 본향산신을 상징하며, 따라서 내가 규정한 고급 단계에 속한다.

만신들이 (내가 규정한 중급 단계에 속하는 방식으로) 추가로 사용하는 산신 도사도 역시 산신 탱화와 유사하지만 몇 가지 주요한 차이점이 있다. 머리가 거의 완전히 벗어져 있고, 머리에는 아무 것도 쓰고 있지 않다. 또 언제나 나무로 만든 도사 지팡이를 들고 있을 뿐, 다른 상징물을 손에 들지 않는다. 그의 도포는 순백색이며, 서낭당에 매는 것 같은 노끈으로 허리를 매고 있다. 대부분 서 있는 모습으로 그려지는데, 이것은 산신 탱화에서는 거의 볼 수 없는 것이다. 가장 중요한 차이점은 호랑이는 전혀 그리지 않으며 산신 도사는 신선대 위에 홀로 서 있거나, 간혹 복숭아나 산삼을 공양하는 시종 한 사람이 있을 뿐이다. 이런 면에서는 신중 탱화에 나오는 산신의 모습과 매우 흡사하다.

유명한 김유감 만신이 계룡산 산신령을 위한 굿을 올리고 있다.(1998년 4월)

만신이 사용하던 단순화된 산신도. 양종승 씨 소상

산신 도사는 '일반인'이며 학자 같은 인물로 그려지는데 이것은 산신이 산의 '제왕'으로 군림하는 것과 대조된다.

종이나 비단에 그려진 그림 외에, 만신이 신들려 춤을 출 때 사용하는 화려한 성수 부채에도 작은 산신도가 그려져 있다. 부채의 산신도는 단순한 만화적 그림이며 산신과 호랑이, 소나무만이 그려져 있다. 주로 부채의 한쪽에 있으며, 보통 6~8명의 다른 무속 신령과 함께 그려져 있다.

만신은 산신을 '불러내기' 전에 산천거리 무복이라고 하는 장식이 거의 없는 단순한 붉은 옷(간혹

원형의 금색 흉배가 달린 경우도 있다)을 입는다. 그러나 이 옷은 대부분의 산신 탱화에서 산신이 입고 있는 중국의 관복처럼 보이는 복장과는 거의 닮지 않았다. 만신은 산신을 비롯한 여러 무속의 신령들을 만화적으로 그려 넣은(이 그림들에서 산신의 위치는 일정하지 않다) 접는 부채(성수부채)를 흔드는데, 이 부채 역시 산신 탱화에서 산신이 들고 있는 부채와는 전혀 다른 것이다. 머리에 쓰는 관 역시 다르며, 만신은 호랑이를 부르지 않는다. 만신은 참깨(다산의 상징)와 산신을 연관시켜 산신에게 참깨를 바친다. 그러나 산신 탱화에서 참깨나

만신이 사용하던 단순화된 산신도. 양종승 씨 소장

널리 알려진 만신이 사용하던 좀 더 구체화된 모습의 산신도(국립민속박물관 소장)

춘천시 근처의 만신이 사용하던 부채. 아홉 명의 신이 그려져 있는데 산신은 중앙에 있는 제석불의 좌측에 위치한다.

산신각에 참배하러 가는 노보살이 길을 멈추고 산신령께 절을 하고 있다. 이러한 광경은 서울 시내가 한눈에 내려다 보이는 인왕산 중턱에서 흔히 볼 수 있다.

들깨나무를 본 적은 없다. 이러한 점을 관찰하면서 무속의 산신 의식과 산신 탱화(사찰에 있는 것이나 만신의 사당에 있는 것 모두)는 전혀 다른 근원에서 출발했다는 결론을 내리게 되었다.

특정한 산신의 신이 내린 만신(점술가를 포함해서)은 자신의 호칭에 그 산신의 이름을 포함시켜 이름의 끝에 보살, 할머니, 도사, 만신 등의 호칭을 붙인다.

굿은 주로 언덕 꼭대기나 산 정상, 또는 깊은 계곡의 폭포 옆, 높고 가파른 절벽 앞에서 펼쳐진다. 전라남도 월출산 국립공원의 최고봉인 천왕봉 정상에서는 통일신라 시절의 제단터가 발굴되기도 했는데, 이곳에서는 산신 및 천신 등 여러 신을 위한 의식이 행해진 것으로 보인다. 이러한 장소는 많이 있으며, 오늘날도 운이 좋으면 등산길에 실제로 굿을 하는 모습을 볼 수 있다. 때로는 매우 간단하게 진행되어서 한 노파가 절벽이나 튀어나온 바위 앞에 촛불을 켜놓고 물을 한 그릇 떠놓은 다음 '산왕대신'을 외우기도 하고, 간혹 대대석이고 공개

적인 굿판이 벌어져 십여 명의 무속인들이 복장을 갖춰 입고 진행하기도 한다. 그러나 최근에는 한국 정부에서 산불을 예방하는 차원으로 산림에서 굿을 벌이는 것을 금지하고 있다.[6] 하지만 산신을 믿는 마을 사람들이나 이들을 영적으로 인도하는 만신에게 산신의 이치와 능력은 아직도 일상적인 현실로 남아있다.

"산은 정결하고 강력하며, 높고 분리된 공간이다……. 산에서 돌아오는 여자들은 아들을 낳는다. 남자들은 시신을 산기슭의 묘지로 들고가서 매장하는데, 이때는 묘지로 간다고 하지 않고 '산으로 간다'는 완곡한 표현을 쓴다. 산신은 죽은 자의 영혼을 제자리에 잡아두어 세상을 떠돌지 않도록 한다. 무덤에서는 산신에게 술을 바친다. 칠성과 산

---

6 특히 20개의 국립공원에서는 이러한 굿을 엄격하게 금지하고 있는데, 그 국립공원의 상당수가 한국 민속 종교에서 성산으로 추앙받는 곳이다. 지방 행정구역에서 또 이를 강조하는 곳도 있는데 이는 그 지역의 관리가 기독교인이어서 민간 신앙을 탄압하려는 의도에서 행해지는 경우가 많다. 그 밖에도 굿을 행하던 곳에 아파트나 공장을 짓는 난문한 '개발' 때문에 민간 신앙이 파괴되는 경우도 적지 않다.

문수봉의 돌탑 앞에서 태백산신에게 기도하는 만신(1999년)

신은 함께 탄생과 죽음, 즉 산 아래 마을이나 도시의 삶에 들고 나는 일을 주관한다."[7]

만신과 만신의 고객들은 '산을 쓰다' 또는 '산기도 가다'라고 표현하는 순례 기도 의식에 나서기도 하는데, 깊은 산 속으로 들어가 산신(믿음과 필요에 따라 칠성과 다른 신들도 포함)에게 기도한다. 이러한 '산을 쓰다(산을 사용한다)'라고 하는 의식은 주로 본향 산신에게 하는 것이다. 이렇게 무당이나 고객의 고향(때로는 고객의 남편이나 아버지의 고향)의 산봉우리로 찾아가 산신에게 비는 것은 매우 중요한 일로 간주되며 소원을 이룰 확률이 높아진다고 믿는다. 이것은 한국의 무속에 대한 성리학의 또 다른 영향으로 볼 수 있다. 의식을 행하는

과정, 또는 그 전후에 정결함을 유지하는 것을 매우 중요하게 생각하며, 이것이 가족의 운세에 큰 영향을 준다고 믿는다.

만신들은 무속적으로, 또는 풍수적으로 영험하다고 알려진 산의 봉우리 근처나 골짜기에서 악천

계룡산신에게 산신굿을 하고 있는 만신(1998년 4월)

---

7   L. Kendall 1985, p.130.

계룡산 산신에게 바치는 무속의 제물. 금룡암

계룡산 산신께 기도하는 무속인(2001년 금룡암에서)

후를 무릅쓰며 오랫동안 야영을 하기도 한다. 이들은 돌로 만든 허술한 사당에서 끊임없이 절을 하며 기도를 하는데, 이것은 '산신을 받아(명산의 신령에 씌여)' 자신의 능력과 위상을 높이기 위한 것이다. 나는 1982년에서 1997년 사이에 '신령하고', '영험한' 여러 유명한 산을 오르거나 내려오는 길에 만신(항상 중년 또는 노년의 여인)이 이렇게 기도하는 모습을 많이 볼 수 있었다. 태백산 만경사[8]의 한 노승의 말에 따르면 내가 문수봉에서 본 여인들 중에는 강력한 태백산신을 받기 위해 3년 동안이나 야영을 하며 기도·수련하고 있는 사람도 있다고 했다.

이러한 관습은 한국 역사에서 전통적으로 매우

존중되는 것이다. 삼국사기의 첫 장에는 신라의 영웅인 김유신 장군이 청소년 시절 깊은 산 속의 동굴에 들어가 뛰어난 능력을 얻기 위해 기도를 했다는 이야기가 나온다. 며칠 후, 산신이 나타나(노인의 모습으로) 마법이 깃든 검을 주며 무예를 가르쳤고, 김유신은 이를 이용해 후에 삼국을 통일했다는 것이다. 마찬가지로 이태조도 전쟁에 출정하기 전에 마이산의 은수사 근방의 동굴에서 기도를 하다 마이산신에게서 칼과 가르침을 받았고, 이어서 1392년 조선을 건국하게 되었다고 한다. 이러한 이야기는 이밖에도 많이 찾아볼 수 있다.

1980년에서 1997년 사이 한국에서는 다양하고 수많은 혼합 종교 집단이 등장했는데, 거의 대부분 '도교적 무속'을 기본으로 하고 있으며, 그 중 많은 수가 성산(聖山) 계룡산을 근거지로 하고 있다. 이는 계룡산신의 널리 알려진 능력과 '왕립' 사신각이

---

8 해발 1500m 이상에 자리 잡은 몇 안 되는 한국 사찰 중의 하나이다. 이 만경사 역시 지방 전설에 의하면 태백산신이 점지하여 건립된 것이라고 하는데, 여기서 바라보는 경치가 그야말로 장관이다!

있다는 사실과 더불어, 이곳에서 새로운 왕조가 탄생할 것이라는 예언이 있었기 때문이다.[9] 그러나 내가 그 내용을 자세히 파악할 수 있었던 종교단체 중에 특별히 산신을 주신으로 모시는 단체는 없었다. 내가 생각하기에 산신은 주신으로 삼기에는 너무 평범하고 '일반적'이라는 이유 때문이 아닌가 한다.

그러나 오늘날까지 현대 도시화된 한국인들은 등산을 하는 도중에 산길 옆이나 절벽 꼭대기에 돌무더기나 작은 돌탑을 세우거나 돌을 한 개 얹기도 하며, 그밖에도 산신의 존재를 인정하는 의식화된 행동을 한다(소풍이나 산소를 찾는 길에 음식을 바치거나 사당에 절을 하는 행위 등). 이러한 고대의 관습은 (다만 흔적뿐일지라도) 산신을 중심으로 하는 무속적인 영향이 여전히 남아 있음을 의미한다.

---

9 Kim, Duk-whang 1988 pp.436~447. 이는 내가 들은 여러 이야기들에서도 합치된다. 계룡산은 현재 대전시 서쪽에 위치하고 있으며 국립공원이다. 또한 옛날 조선의 수도를 정해 준 풍수지리학의 대가 무학 대사(역자 주—법명은 자초, 호가 무학이었다. 일찍이 원나라에 유학하였으며 1392년 조선 개국 후 왕사가 되어, 대조계종사(大曹溪宗師)·선교도총섭(禪敎都摠攝) 전불심인변지무애부종수교홍리보제도대선사(傳佛心印辯智無碍扶宗樹敎弘利普濟都大禪師)·묘엄존자(妙嚴尊者)라는 호를 받고 회암사에서 지냈다. 이듬해 태조를 따라 계룡산과 한양을 오가며 지상(地相)을 보고 도읍을 한양으로 옮기는 데 찬성하였다)가 지금의 서울을 수도로 정해주며, 이곳이 500년의 도읍이 될 것이며, 그 후 최후의 왕조는 계룡산에서 다스리게 될 것이라고 예언했다는 얘기도 들었다. 한국의 군사정권은 군의 수도를 서울에서 계룡산 남쪽으로 옮기기도 하였다. 이것은 그들이 그렇게도 바랐던 '신왕조'의 정통성을 확보하기 위한 일환으로 보인다. 이 '계룡대'에는 엄청난 규모의 보안 시설이 세워지는 바람에 그 자리에 있던 수많은 민속 종교의 터전이나 사찰들이 사라져야 했다. 이 성지의 명성을 자신들의 이익에 이용하려는 얄팍한 생각 때문에 자손에게 대대로 물려줘야 할 성스러운 유산을 없애버렸으니 참으로 안타까운 일이다.

3. 한국의 도교와 풍수지리: 산의 영적 기(氣)

중국의 도교는 오래 전부터 한국에 뿌리를 내렸다. 불교나 성리학처럼 국가적인 종교로 부상한 적은 한번도 없지만 그 영향력은 결코 무시할 수 없다. 중국에서 들어온 도교는 토속 산신 숭배와 제식에 흡수 병합되었고, '민속 도교'는 한국의 민속 역사에 깊이 파고들게 되었다. 불교가 국가를 수호하는 '호국 불교'로 발전하는 사이, 궁중의 후원을 받은 도교와, 보다 화려해지고 세련되어진 고대 하늘 숭배 전통은 국가적 무속과 결합하여 자연 재해로부터 국가를 보호하는 제사 의식으로 발전하게 되었다.

삼국사기는 초기 신라 왕들이 서기 138년과 300년 태백산에서 제사를 주관했다고 하지만, 이것은 거의 현실성이 없는 얘기다.[10] '삼국' 중에서 도교가 공식적으로 확립된(불교와 같은 위치로) 곳은 고구려뿐이었고, 그것도 불교 국가인 신라와 당의 연합군에게 정복당하기 10년 전의 일이었다. 이로 인해 도교는 이후 13세기 동안 한국에서 그 위상을 잃게 되었던 것이다. 결국 도입된 도교 양식은 유채신 교수에 따르면 '무속적 도교'로 불리게 되었고, 매

---

10 Rogers 1982. p.33. 로저는 저자가 의도적으로 이를 백두산으로 연결시켜 신라, 고려 왕조의 정통성을 강조하려 한 것이라고 하였다. 12세기 들어 백두산(일명 태백산)과 단군을 사상적인 목적에서 강조하였는데, 이는 당대 최고의 지관이자 불교 승려였던 묘청(1130년경)으로부터 근원을 찾을 수 있다. 그는 만주 일대를 대상으로 한 북벌(국토회복운동)을 주창하는 한편 백두산신을 불교에서 지혜의 화신인 문수보살이자, 국가의 수호신으로 삼아 그가 건립한 '팔성당'에 제일 먼저 모셨다. 이는 과연 한국 역사상 가장 뛰어난 산신, 민속신앙, 국가주의, 도교, 불교의 합치라고 할 수 있다!

삼척시 인근에 위치한 두타산의 무릉계곡

(위) 산신제에 사용되었던 백제 향로 복세품 근접 사진
(아래) 경주에 보도블록으로 사용되고 있는 백제기와 모조품

년 음력 3월 3일에 이를 숭앙하는 사람들은 하늘과 신성한 산을 무속적 신으로 모시고 숭배했는데, 그 의식은 도교적 분위기가 매우 강했다고 한다.

삼국사기에 의하면 신라 왕조는 매년 왕국에서 주관하는 산신제를 올렸는데, 산신제를 치르는 지역에서 가장 두드러지는 산의 신성한 정도에 따라 대, 중, 소의 세 가지 규모로 나누었다고 한다. 가장 높은 단계는 수도 경주를 둘러싸고 있는 오악(五岳)에 대한 의식이었다. 고구려에서도 이와 비슷한 의식을 거행했는데, 고구려의 한 왕은 오랜 가뭄을 겪게 되자 단식을 하며 산신에게 기도했다는 것이 공식적으로 기록되어 있다. 국립박물관에는 성스러운 세 산과 그 위에 서 있는 도교사원이 그려진 유명한 백제시대 벽돌이 있으며, 신선·산신·성스러운 동물들이 가득 새겨진 환상적인 산의 형태로 만든 커다란 청동 향로도 있다.

고려시대에도 공식적인 도교 집단이 있었고, 중국에서 보낸 상징물과 예배의식을 따랐는데 특히 신성한(중국과 한국의) 산과 하늘, 그리고 기타 여러 신들을 숭배했다. 궁중에서 후원하는 의식들은 수도 개성의 궁궐 안에 마련된 사당과 신성한 산의 정상에서 진행되었다. 인종(1122~1146)시대에는, "팔성당이라는 사당을 평양의 궁전 안에 지었다. 이 사당은 여러 신을 모셨는데, 사당 안에는 세 신의 초상이 나란히 걸려있었다. 하나는 무속적인 산신이고 하나는 도교의 신이며, 나머지 하나는 보살의 초상이었다. 이들은 국가를 수호하는 신으로 모셔졌고, 사람들은 국가의 안위를 위해 이들에게 기

왕실에서 산신께 제사를 지내기 위해 건립한 지리산
하악단 남악사가 있던 곳에 다시 지어진 소박한 전각

천왕산 아래 자리잡은 표충사. 이곳에서도 몇 개의 쇠막대기가 발견되었다.

도를 드렸다."[11]

팔성당이란 이름의 뜻은 '여덟 현자들의 신전'으로 해석할 수 있지만, 여덟 명의 '반(反)불교, 반도교 산신 또는 불사신들'을 포함함을 의미한다는 주장도 있다. 사당 안에 걸린 그림들의 설명으로 보아 이 주장이 훨씬 설득력이 있다.

1277년 고려의 충렬왕은 몽고에 대한 항거에 도움을 준 금성산의 산신을 '정녕군(Lord Jeong-nyeong)'으로 봉하자는 만신의 요청을 수락했고, 나주시에 사당에서 사용되는 쌀을 공급할 것을 명령했다. 이러한 과정은 도교와 성리학의 영향을 보여주는 것이다. 고려의 공민왕(재위 1351~1374)은 "우리 나라는 백두산을 근본으로 하며 그 맥은 지리산에서 끝을 맺는다"고 공표했으며 궁정의 모든 의식은 이 원칙에 따라야 한다고 했다. 이 말은 이 두 신령한 산과 태백·소백산맥을 따라 이 두 산을 잇는 백두대간 지기의 맥을 의미하고 있는 것 같다.

이태조는 성리학을 근본으로 하는 조선 왕조를 세운 후에 궁중에서 지원하는 도교 집단의 지속을 허용했고, 이는 세종(1450년 서거) 시대까지 지속되었다. 그러나 이후 한국에서는 공식적인 도교(국가적 명산 숭배를 포함)가 종말을 맞았지만 모든 도교적 행위(무속적 산신 숭배를 포함)들은 조선 사회의 핵심적인 요소로 불만 세력이나 은퇴한 유학자들 사이에서 지속되었다.

중국에서 전래된 도교에는 풍수지리 이론이 포함되어 있는데, 이 지리학적 철학은 고려 초기부

터 한국 문화에 융화되었다. 불교 고승이자 풍수지리 학자인 도선 대사는 고려의 창건을 도왔고, 수많은 전설의 주인공이 되었다. 그는 산의 기가 국가나 왕조 또는 가문의 융성과 멸망을 가져올 수 있으며, 제대로 이용한다면 깨달음을 얻을 수도 있다는 이론을 전파했다. 그와 비슷한 무학 대사는 조선의 건국 시기에 새로운 수도인 서울의 건설에 조언을 했다.

풍수에 따르면, 지구는 땅의 에너지, 즉 지기(이것은 물리적, 영적 에너지를 모두 포함한다)가 활동하고 있으며, 이 지기는 지세와 지형에 따라 줄기와 웅덩이를 이루는데, 건강·운세·운명 또는 개인·가문·국가의 정신적·영적 상태에 영향을 줄 수 있다고 한다. 이러한 영향은 산맥과 산꼭대기에서 가장 강하게 나타나며, 이 지기는 산맥을 따라 흐르며 한반도 전역의 모든 면에 영향을 준다. 지기의 흐름은 궁전이나 성벽, 집우물, 기념비, 묘지, 신당 등의 위치에 따라 변화시키거나 끌어들일 수도 있다. 그리고 이렇듯 흐름을 바꾸는데 있어서는 그 지역의 산의 모양이나 성격을 우선적으로 고려해야 한다. 따라서 풍수지리에 통달한 무당이나 승려들이 이러한 건축물의 위치를 지정해 준다.

한국에는 이 산맥 지기의 상태가 국가의 운명을 좌우한다는 믿음을 기초로 하는 옛 이야기들이 많다. 고려의 건국 신화는 이러한 이론을 기초로 (도선 대사를 주역으로 삼아) 백두산과 개성의 송악산을 연관시키려 애쓰고 있다. 일연 대사는 오대산이 태백산맥 지기의 주맥 위에 위치하고 있다는 점을 지적했다(이것은 삼국유사에서 백두산에 대해 유일하게 언급한 부분이다).

한국에서 이러한 사상은 기존의 산신 신앙과 섞

---

11 Yu, Chai-sin 1988, pp. 108~109.

이면서 산신의 위상을 높여 주었다(궁중에서 지원하며 문화의 중심인 중국에서 온 도교의 가르침과 연관이 있다는 점에서). 무당이나 일반 사람들은 산의 산신기(山神氣)라는 말을 쓰기도 한다. 그러나 때로는 산과 산의 영향에 대해 보다 '과학적'인 이론을 제시하여 산신의 전통을 훼손하거나 경쟁 관계가 되는 측면도 있었는데 이성을 강조하는 조선의 성리학 학자들이 '미신'을 억압하는 데에도 이용되었다.

17세기의 전설적인 이야기에 따르면, 조선을 침공하던 중국의 이 장군이 한국의 산과 강을 따라 흐르는 지맥을 끊어 군사적 영웅이 태어나는 것을 막으려 했다고 한다. 태백산신이 한반도를 대표해 나타나 이를 막고 이 장군을 훈계해 한국에는 유명한 장군이 계속 태어날 수 있었다는 것이다.

이와 비슷하게 현대까지 존속되는 산의 풍수적 힘에 대한 믿음을 뒷받침하는 이야기가 있는데, 바로 일본인들이 일제시대(1910~1945)에 박아놓은 쇠막대기에 대한 것이다. 일본이 한국을 점령하고 있는 동안 일본 식민 정부는 길이 40cm에서 2.5m, 직경 3cm 두께의 쇠막대기 수백(또는 수천) 개를 산맥이나 계곡 등 한반도의 맥이 흐르는 풍수지리적으로 중요한 지점에 박아, 국민의 민족 정신을 분리시켜 꺾어놓으려 했다는 것이다. 이 이야기는 오랫동안 소문으로만 알려져 있었으나 1984년 한 등산 모임이 이 쇠막대기 몇 개를 찾아냈다. 북한 산의 백운대(이곳은 조선의 궁전들과 현대 한국 정부에 풍수지리적으로 중요한 지점이다)에서 22개를 뽑아냈고, 이후 십 년 동안 여기저기서 아홉 개를 더 찾아냈다. 이것들은 주로 국민 정신의 중요성을 강조하기 위해 8월 15일 공식적인 행사를 통해 뽑아냈다. 현재까지 북한과 남한 전역에서 약 400여 개를 발견했다는 신고가 접수되었고, 1995년 3월까지 조사자들은 62건을 확인했다. 일본 제국주의자들이나, 피해자인 한국은 모두 한국의 산맥을 따라 흐르는 지기를 차단하는 이러한 행동의 효과를 강하게 믿고 있다.

4. 한국 유교: 존중하고 인정함

한국의 유교와 산신 숭배의 관계는 한편으로는 서로 배척하면서도 서로 지원을 하기도 하는, 매우 변화무쌍하고 복잡한 관계에 있다. 대부분의 산

대전사의 산신각에 모셔진 유교식의 위패. 주왕산신을 위한 것이다. 나무대둔산령지위라고 되어 있는데 대둔산이라는 이름은 주왕이 이곳에 피신하면서부터 비롯되었다 한다.

신 탱화에서는 전적으로 유교적인 상징들이 나타나 있다. 보다 실질적인 면에서는, 해마다 벌어지는 마을 수호 의식이나 장례, 또 궁중의 후원 등에서 그 관계가 가장 확실하게 드러난다.

위에서 설명한대로 초기 산신은 대부분 여인이었지만, 현존하는 거의 모든 산신 그림에서 산신은 나이가 든 할아버지의 모습으로 그려져 있다. 이러한 변화는 아마도 유교의 영향(가부장적 권위와 조상적인 인물의 표현) 때문일 것이다. 거의 모든 산신도에서 산신은 조선 유교 사회의 정부 관리들이 입던 복장을 하고 있다. 또 대부분 머리에 쓴 모자도 유교적인 것이다. 대개 조선시대 벼슬아치들의 모자이거나 유학자들이 평상시에 쓰는 모자로 그려져 있다. 아주 드문 경우이긴 하지만 산신이 책을 읽고 있는 모습도 있어서, 학문의 중요성을 강조하기도 한다.

특히 조선 후기에 들어서, 한국의 성리학 지도자들은 마을 사람들의 무속적 행위(불교와 더불어)들을 완곡하게 억압하고, 순수한 유교적 의식을 강조했다. 이들은 산신 신앙을 대중적 '미신'으로 치부하며 고유의 종교를 억압하고 중국의 새로운 현세적 이성론을 숭상했다. 교육을 받은 친중국적 지식인들 사이에서 풍수지리 사상은 '원시적이고 본능적인' 대중의 믿음보다 차원이 높은 것으로 간주되었다. 요란스러운 굿은 도덕적으로 문제가 있을 뿐 아니라 쓸모없는 낭비를 조장하는 것으로 비난을 받았다.

극단적인 이상주의자들의 목표는 민속 관습을 완전히 없애고 성리학 문화로 대치하는 것이었으나, 이러한 목표는 전혀 실현 가능성이 없었고 민속 관습의 국민적 지지로 인해 기선을 제압당할 수밖에 없었다. 따라서 타협을 할 수밖에 없었고, 그 결과로 성리학 형식의 산신제가 전국적으로 자리잡게 된 것이다.

유채신 교수는 "산신에게 풍년을 빌고, 재앙을 물리치고 축복을 내려주기를 기원하는 마을 단위의 산신제는 유사 이전부터 있었던 한국의 전통이다"라고 정의했다. 이러한 행사는 조선시대에 들어서 유교적인 요소와 형식을 취하게 되었지만 전통적인 '남부 지역의' 한국 무속에 뿌리를 두고 있다고 했다. 설날과 입춘에 마을 사람들이 산신을 비롯한 여러 수호 신령에게 기도를 드리는 집합적인 산신제 의식은 한때 사회적인 단결을 유지하는데 중요한 역할을 담당하고 있었다.

지역적·국가적 사회의 단결은 유학자들에게 가장 중요한 면이었고, 한국 토속 풍습의 영향력과 존속력은 유난히 강했다. 따라서 조선조의 유학자들이 산신제의 긍정적인 면을 인정하고, 그 뿌리를 뽑는 대신 유교적인 가치관을 이식시키는데 전념한 것은 자연스러운 결과였다. 마을 단위의 산신제는 만신 대신에 '학자' 계급의 남성이 주관하게 되었고, 조용하고 엄격하며 위엄 있는 의식 형태를 갖추게 되었으며, 제사가 끝난 후에야 하층 계급과 여자들이 흥청거리는 예전의 무속적인 관습을 실행할 수 있도록 허용했다. 나는 이렇게 2부로 진행되는 산신제를 대관령 사당과 다른 곳에서 직접 목격할 수 있었다. 제사가 끝나면 제사를 집행한 유학자들은 사당과 마을 사람들 사이의 천막에 자리를 잡고 술과 음식을 즐기며 무속적인 행사를 관람했다.

유교 형식의 산신제는 한편으로 보다 경제적이라는 면에서 개발되고 확산되었다. 또 단군과 연관

계룡산신에게 바쳐진 유교식 제사의 모습(1998년 4월 어느 안개 긴 새벽)

되어 새로운 국민적 조상이라는 역할이 주어진 것도 마을의 유학자들이 산신제 의식을 받아들이는 데 도움이 되었다.

지난 40여 년간 남한은 급속한 현대화로 전통문화가 가차없이 훼손되었지만, 아직도 지방에는 산신제가 존속되고 있다.

"오늘날 한국에서는 500건 이상의 전통 집단의식이 행해지고 있는데, 그 중 114건은 산신을 대상으로, 109건은 마을의 수호신을, 68건은 기타 수호신을, 23건은 산과 강의 신을, 23건은 조상신을, 11건은 나무의 신을 대상으로 하며 164건은 기타 군소 신을 대상으로 하고 있다. 통계상으로 산신을 대상으로 하는 의식이 가장 많음을 알 수 있다."[12]

장례와 제사는 개인적 도덕의 대중적 표현으로, 성리학의 이론과 실천에 있어 극도로 중요한 위치를 차지한다. 한국인들이 산비탈에 묘지를 만들고, 조상을 모시는 사당을 세우며 산의 소유자이며 진정한 '땅의 주인'인 수호자로서 산신을 존중하고 인정하는 것은 주로 유교적인 관습에 포함되어 있다. 또, 인간은 흙에서 태어나 흙으로 돌아간다는 전세계 공통적인 생각과도 맞아떨어지며, 특히 한국인들은 신령이 살고 있는 산으로 '돌아간다'고 생각한다. 산비탈에 무덤을 파기 전에는 산신에게 양해를 구하고, 영원히 무덤을 보호해달라고 비는 간단한 의식을 치르게 된다. 다음은 이러한 장례의 한 예이다.

"상주 중의 한 사람이나 가족의 나이 많은 지인

------

12 Im, Dong-kwon 1996, p.156.

이 산신제를 주관하는데, 산신에게 망자의 입산을 허락하고 무덤을 보살펴 주기를 기원하는 축원문을 낭독한다. 맑은 물과 술, 음식을 바치지만 밥은 바치지 않는다."[13]

상류층의 격식을 갖춘 묘지 앞에는 대개 작은 제사상이 놓여있는데, 이것은 가장 위쪽의 봉분보다 조금 위쪽에 한편으로 비켜있으며 산봉우리를 향한다. 이것은 산신에게 바치는 음식을 놓는 곳이며, '땅 주인'인 산신의 존재에 경의를 표하는 것이다. 위에서 켄달(Kendall)이 지적한 산신의 또 다른 역할은 보다 무속적인 것으로 '죽은 자의 혼령을 제자리에 잡아두어서 산 아래 세상을 떠돌지 않도록 하는' 것이다. 이는 혼령이 가문에 해를 끼치지 않도록 방비하는 역할이기도 하다. 이러한 역할에 대한 보상으로 조상에게 성묘를 할 때 산신에게도 영적인 공물을 바치게 되며 일반적으로 남은 제사 음식을 두어 작은 동물들이 먹도록 한다.

그러나 성리학의 정식 교육 기관인 향교나 서당, 서원 등에서 산신을 위한 사당을 찾아볼 수 없다는 것은 매우 흥미로운 점이다. 이러한 시설들도 (불교 사찰들과 마찬가지로) 주로 산악 지역에 위치하고 있지만, 산신각이나 기타 산신과 관련이 있는 것은 아무 것도 찾아볼 수 없다. 이러한 점으로 볼 때, 산신과 관련된 요소들은 주로 평민들이 포함되거나 평민들만이 실천하는 의식에만 국한되었던 것을 알 수 있다(여기에는 산신을 무시하면 가정에 위협이 될 수 있다는 미신적인 믿음을 갖고 있는 일부 상류층 여인들도 포함된다). 공식적인 남성들만의

삼악산에 있는 저자의 집 뒤에 마련된 마을의 제단에서 소박한 상을 차려놓고 올리는 농부의 산신제

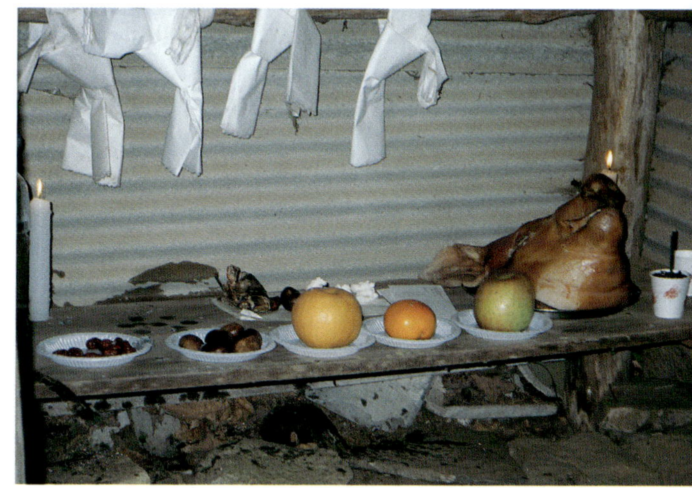

위 사진의 산신제에 바쳐진 제물들(1998년 10월)

기관이나 이들의 유교적인 의식에서는 이러한 민속적 요소로 인한 '오염'이 철저히 배제되었다.

그러나 한편으로는 국가와 왕조의 보호와 축복을 기원하는 공식적인 산신 숭배를 후원하는 오랜

---

13 Dredge, C. Paul 1987, pp.89~90.

춘천시 남쪽에 자리잡은 옛 관리의 묘소. 오른쪽 구석에 조그마한 산신 제단이 보인다.

그 묘에 마련된 산신 제단의 모습

궁중의 전통이 있었다. 따라서 유교가 국정을 완전히 장악한 후에 일부 유교 근본주의자들이 시시때때로 강력히 반대하는 일은 있었지만, 이러한 관행을 완전히 무시하거나 금지할 수는 없었다.

이러한 전통은 주요한 불교 의식이나 축제에 도교적인 산신 숭배가 융화되면서 시작되었다. 고려의 태조 왕건(918~943)은 후대의 왕들에게 팔관회 축제를 정기적으로 열 것을 부탁했다. 팔관회란 원래 신라에서 시작된 순수한 불교 행사로 하루 동안 치르던 것이었으나, 기간이 7일로 늘어나면서 민족적이고 민속 축제적인 성격을 띠게 되었다. 행사 중에는 유명한 산(특히 오악)의 신령과 큰 강의 신에 대한 경배도 포함되었다.

이 전통으로 인해 고려 시대부터 시작해 조선조 말까지 궁중에서는 신성한 산에 봉록을 주었다. 이러한 일은 마치 영주가 큰 공을 세운 귀족에게 포상을 하듯(이러한 일은 특히 새로운 왕조가 들어설 때 많이 일어났다) 유교적인 형식으로 실행되었다. 이렇게 왕가에서 산신제를 올리는 곳이 한때는 전국적으로 다섯 곳이나 있었다는데, 그 중 네 곳은 지금의 남한에, 한 곳은 북한에 있다고 했다.

가장 북쪽에 있는 것은 묘향산에 있었고, 상악단(上嶽壇: 가장 위쪽에 있는 산에 세워진 제단이라는 뜻) 또는 북악사라고 했는데, 북한의 관광 책자를 통해서는 현재 북한에 이곳이 그대로 남아있는지 알 수 없었다.

동쪽에 있는 것은 강원도 원주 치악산의 서쪽 비탈에 있는 국형사(國亨寺: 국가를 수호하는 사찰)였다. 조선의 2대왕 정종(재위 1398~1400)의 맏딸이 극심한 독감에 걸려 사경을 헤매고 있을 때, 이곳으로 보내 치악산신에게 백일 기도를 했다고

중악단의 원경

한다. 공주의 꿈에 치악산신이 나타나 병을 고쳐주
겠다고 했고, 다음날 아침 공주가 일어났을 땐 병
이 씻은 듯이 나아 있었다. 정종은 치악산신에게
동악신(東嶽神)이란 이름을 내리고 동악단이라는
커다란 산신각을 지었으며, 주변 다섯 고을에 명해
매년 봄과 가을 '국형제(國亨祭)'를 올리도록 했다.
동악단은 1907년 일본이 무너뜨려 없앴고, 1945년
다시 재건되었다가 한국전쟁 중에 다시 무너졌고,
1974년 마지막으로 현대적인 삼신각 형식으로 다
시 지어졌다. 1987년부터 자치 단체에서 치악제라
는 이름으로 산신제를 부활시켰다.

그리고 지리산의 남서쪽 기슭에도 궁중에서 봉
록을 내린 산신 사당이 있었는데, 이름을 하악단
(下嶽壇) 또는 남악사(南嶽寺)라고 했다. 원래는 지
리산에서 가장 중요한 불교 사찰인 화엄사 입구의
동쪽에 서 있었다. 왜 좀 더 동쪽, 지리산의 최고봉

이며 강력하고 유명한 성모할매 산신이 있는 천왕
봉 아래에 짓지 않고 이곳에 지었는지는 이유가 알
려진 바 없으나, 나로서는 무척 궁금하지 않을 수
없다(아래 계룡산의 경우와 비교해보라). 이곳은

중악단에 마련된 산신 제단과 산신 탱화

동악단의 산신 탱화

치악산에 재건된 동악단

1456년 세조(재위 1455~1468)의 명으로 지어지기 시작했으며, 신라와 고려 시대에 실행되던 전통을 따라 지리산신에 제사를 올렸다. 1908년 일본 식민 정부에 의해 폐쇄되었다가 후에 완전히 파괴될 때까지 이곳에서는 대대적인 유교 형식의 산신제가 열렸다. 1969년, 한국의 문화 유산에 대한 자부심을 되살리자는 박정희 대통령의 정책에 따라 이 자리에 작은 유교 형식의 사당을 세우게 되었다. 이곳에서는 매년 4월 20일경, 구례시가 후원하는 지리산 약수제의 일부로 지리산신에게 바치는 의식이 거행된다.

현재, 조선 시대 형태 그대로 남아 있는 호화로운 '궁중' 산신 사당은 계룡산 서쪽 비탈에 있는 신원사뿐인데, 가장 높은 천왕봉을 바라보는 자리에 서 있다. 이 사당은 원래 풍수 대가인 도선 국사가 지었으며, 그 후 1394년에 조선의 시조인 태조의 명에 의해 재건되었다고 한다. 이곳은 원래 계룡단으로 불렸으나, 고종 황제(1863~1907) 때에 다시 수리를 한 후 중악단으로 불리게 되었다. 신원사의 승려들은 이곳에서 계룡산신을 위한 불교 행사를 계속해 왔다. 1998년 4월, 지역 문화 단체장들에 의해 전통적인 지역 행사가 다시 열리게 되었다. 계룡산 산신제 축제에서는 유교, 불교, 무속 행사가 차례로 거행된다.

마지막 궁중 봉록을 받은 산신 사당은 어디에 있는지, 애초에 있기는 했는지조차도 알 수가 없다. 지금까지 위쪽과 아래쪽, 중앙과 동쪽의 사당을 찾았으므로, 마지막 사당은 당연히 서악단이었을 것이다. 계룡산만 해도 꽤 서쪽에 위치한 산이므로, 내 의견으로는 가장 가능성이 있는 곳은 개성의 송악산, 서울의 북한산, 충청남도의 가야산

(덕산), 전라북도 전주시의 모악산 등이다. 여기서 흥미로운 점은 오악에 속하는 신성한 산이 모두 한반도에서 가장 주요한 지기의 주맥이 흐르고 있다고 하는 태백산맥에서 벗어나 훨씬 서쪽에 위치하고 있다는 사실이다. 이것은 아마도 앞에서 얘기했듯이 태백산맥의 산들에는 남성 산신들이 살고 있다고 알려져 있는 것과는 대조적으로 이 산들에는 여성 산신들이 살고 있기 때문일 것이다. 따라서 이 '오악'은 태백산맥의 산들과 한반도의 '부모' 역할을 담당하게 된다.

5. 한국 기독교: 반대와 공격

한국의 기독교는 무속이나 토착 문화 형태 전반에 대해 불교나 성리학, 또는 도교보다 훨씬 관용성이 없는 태도를 견지했다. 유일하고 완전하며 배타적인 '진실'을 추구하는 기독교의 교리와 한국의 뿌리 깊은 보수성 및 죽음을 결사하는 파벌주의가 결합해 기독교는 개인적으로나 집단적으로, 무속(보통 악마 숭배로 치부되어)을 완전히 말살시켜야만 개인적인 구원을 얻을 수 있고, 가정과 국가로서의 '축복'을 받을 수 있다고 굳게 확신하게 되었다. 이러한 성향은 비극적인 국제적 패턴과 일치한다. 기독교 선교사들과 신부, 목사, 그리고 일반 신도들까지도 전 세계에서 선교를 하면서 일단 정치적인 기반을 얻거나 사회 지도층의 지지를 얻고 난 후에는 소위 제3세계의 문화와 전통을 말살시키는 데 앞장서며 적극적으로 동참했다. 현대 한국에서도 많은 중산층들이 기독교회로 흡수되었고, 그 결과로 얻은 정치적·경제적 능력을 한국의 여타 종

일선사의 화강암 부조로 새겨진 산신 조각 앞에서 신도들이 기도하고 있다.

교를 말살하는데 쏟아붓고 있다. 이것은 일제 시절, 한국의 민족주의를 억누르기 위해 시작된 한국 문화 말살 과정의 연속이라고 할 수 있다. 독실한 기독교 신자였던 이승만 대통령 시절에 대통령이 정치적·행정적 권한을 이용해 무속을 억압하는데 앞장서면서, 이러한 민족 문화 말살 과정은 더욱 강화되었고, 1992년 독실한 장로교 신자인 김영삼 대통령이 취임하면서 한층 더 악화되었다. 광신적인 기독교인들은 더욱 대담해졌고, 정부의 보호 아래 무속에 대한 공격이 급격히 늘어났다.

한국에서 12년간 대학 교수로 재직하면서 나는 미래의 중류층들을 대상으로 하는 학원 내의 선교 활농을 통해 한국의 기독교화 과정을 가끼이에 서 지켜볼 수 있었다. 젊은이들 사이에서는 기독교가 '현대적이며 미국적인 종교'라는 생각이 지배적이었고, 커피와 컴퓨터, 여행, 자동차, 데이트 등을 포함하는 꾸러미의 일부로서 앞세대의 '구식 믿음'보다 우월하다는 생각이 깔려 있었다. 그러나 사실 젊은 세대들은 구식 믿음에 대해 전혀 알려고도 듣지 않았고 무조건 무시했을 뿐이다. 그러나 실제 정복의 과정에서 기독교 종파는 (불교와 같은 주요 종교가 했듯이) 무속적 요소를 예배 과정에 도입하기도 하고, 때로는 믿음까지도 수용하고 있지만, 기독교에서는 이러한 요소가 무속에서 비롯되었다는 것이나, 근본적으로 변형이 되었다는 것 자체도 완강히 부인하고 있어 하자들이 이를 증명하는 일

이전 사진의 확대한 모습. 1990년 당시의 훼손 상태를 볼 수 있다.

은 쉽지 않다.[14]

한국의 기독교와 산신의 관계는 앞의 두 가지 주장에 대해 각각 최소한 한 가지 예를 보여준다.

한국 기독교도들은 위에서 설명한 마을의 산신제를 뿌리 뽑는데 주도적인 역할을 했다.[15] 몇몇 경우에는 직접적으로 산신 사당을 비롯한 문화재들을 훼손하거나 망가뜨렸다. 가장 부끄러운 사건은

---

14 여기서 언급한 독선적인 자세는 주로 가톨릭이 아니라 신교 측의 태도에 대한 것들이다. 가톨릭은 아프리카나 남미에서 전통 종교에 대해서 아주 관용적이며 개방적인 태도를 유지해 왔다. 한국에서도 이런 태도를 견지해 왔지만 안타깝게도 한국 기독교의 80~90%는 신교 일파들이기에(내가 알기에 가톨릭에서도 한국의 산신 신앙을 이용한 경우는 전혀 없다) 일반적으로 신교에 중심을 맞추어 이야기하였다.

15 앞서도 설명하였듯이 여기에는 지난 1960년대부터 최근까지 전개되었던 정부 주도의 세속적인 현대화 운동인 '새마을 운동'의 도움이 컸다. 이제 대부분의 시골 마을에서 더 이상 수백 년 동안 전해져 내려오던 서낭당이나 산신각은 흔적도 없이 사라져버렸고, 대신 아무리 작은 마을이라도 주위의 풍경과는 전혀 어울리지 않는 미국식의 교회당만 우뚝 솟아 있다.

1980년대 초 서울을 내려다보는 북한산 국립공원 절벽에 새겨진 조선 시대의 뛰어난 산신 부조(호랑이와 함께 있는)를 훼손한 것이다. 산신의 얼굴을 망치로 쪼아내고, 부조 전체를 붉은색 십자가로 덮어버렸다(지금까지도 붉은 페인트의 흔적이 남아 있다). 기독교에서는 '공식적'으로 이러한 '우상'이 허구이며 아무런 영적 능력이 없다고 가르치고 있지만, 민족적 문화 유산을 훼손하는 이러한 범행을 저지른 기독교인들은 이 산신상이 한국의 미래에 영향을 미칠 수 있는 능력이 있다고 생각해서, 이를 훼손함으로써 보다 나은 미래를 보장할 수 있다고 믿었던 것 같다.

반면에, 한국의 기독교는 고대 산신 신앙의 관습 중 하나를 '서구 종교'에 접목시켰다. 많은 교회들이 산속 깊은 곳에 기도원을 보유하고 있으며, 일반 신자들을 모아(이들은 대개 거액의 참가비를 낸다) 마라톤 기도회를 연다. 이 기도회(수련회)의 목적은 '신'과 교유하는 환상적인 경험을 하거나, 병을 치료하고, 축복(자신이나 가족을 위한)을 받기 위한 것이다. 이러한 풍습은 말할 것도 없이 만신이나 그 고객이 산신에게 올리는 산기도에서 유래한 것이다.

지난 10년간, 몇몇 한국 기독교 화가들이 기독교와 산신의 주제를 병합한 그림을 전시하기 시작했는데, 그 중에는 산신이 십자가나 성경을 들고 있는 모습이나 예수가 호랑이와 함께 소나무 아래 앉아 있는 그림 등이 있다. 한국의 교회 뒤편에 산신당이나 산신각이 들어서기까지 얼마나 걸릴까? 지난 2000년간 외국에서 들어온 종교들의 역사를 보면 그럴 날이 오는 것은 피할 수 없는 일인 것 같다.

6. 한국의 불교:
국가의 봉록을 받는 관리로서의 산신

A. 불교의 토속 무속 수용

불교는 전통적으로 불교가 전래되는 나라의 토
속 신앙을 존중하고 토속 신앙의 중심적 요소를 포
용하고 수용해 왔다. 불교는 타 종교에 대해 현실
적인 태도를 유지하며 개인이 깨달음을 얻어 부처
가 되는 이상을 실현하도록 도움을 주며, 사회가
모든 생명체를 자비심으로 대하도록 도움을 주며,
사회가 모든 생명체를 자비심으로 대하도록 도우
며, 고통받는 자들의 고통을 덜어주는 역할에 역점

19세기 산신 탱화(국립민속박물관 소장)

을 두어왔다. 이러한 목표를 달성하는데 도움이 된
다면, 어떤 방법이라도 '방편(方便)'으로 인정되어
허용되므로, 불교 외적인 신까지도 수용할 수 있었
다. 이미 90년 전에 한국에 왔던 기독교 신교의 선
교사인 클라크도 한국의 산신에 대해 알게 된 후,
저서를 통해 소개하면서 불교의 이러한 열린 태도
에 대해 칭찬을 아끼지 않았다.

"불교는 전통적으로 배타적인 태도보다는 수용
적인 태도를 취해왔다. 불교가 전파된 각 나라에서
토속 신앙을 배척하기 보다는 가능한 한 수용해 불
교에 접목시키려고 노력했다. 아무리 규모가 작은
사찰이라도 사찰 경내에는 최소한 사찰이 자리한
산의 산신을 모시는 별도의 제단이 마련되어 있으
며, 북쪽 하늘 큰곰자리의 북두칠성을 모시는 제단

팔공산 대율사의 산신각 모습

이 따로 마련되어 있다."[16]

이렇듯 국제적이고 관용적인 토속 문화의 수용은 한국에서도 전파 초기부터 적용되었다. 중국에서 포교를 하러 한국에 온 승려들도 한국의 무속과 결합해 그 마법과 약초, 그리고 신의 축복 등의 무속적 요소를 거부하지 않고 받아들여 사용했다.

B. 불교의 산신 수용

한국에 뿌리를 내린 대승불교에는 한국의 산신 전통과 이미 최소한 세 가지의 공통점이 있었기 때문에 외국에서 들어온 불교가 토착신들과 융화되는데 크게 도움이 되었다. 세 가지 공통점으로는 데바(Devas)의 보호, 동굴에서 참선하는 전통, 그리고 석조 불상의 조각 등을 들 수 있다.

데바(Devas)의 보호

화엄경에는 열여덟 명의 '산신'이 불교의 계율을 지키는 수호자의 역할을 한다고 명시되어 있다. 이 신들은 부처나 보살, 나한보다는 격이 낮지만 인간보다는 격이 높은 데바, 군소 신들, 그리고 자연 및 동물신들이다. 사찰이 자리한 각 산의 산신은 사찰 건물과 지역의 상하 승려들은 직접 보호한다. 원래부터 한국의 산신 전통에 자리 잡고 있는 국가 안보의 역할은 역사적으로 한국 불교의 주요 주제가 되었다. 오늘날까지도 승려들과 일반인들은 각종 불행으로부터 영적으로 보호해줄 것을 산신에게 기도한다.

동굴 참선의 전통

9세기 이후 한국에서 주요한 자리를 차지하고 있는 선종에는 초기부터 승려들이 (중국과 한국 모두) 산속의 동굴에서 잡념을 물리치고 깨달음을 얻기 위해 오랜 기간 수련하는 관습이 있었다. 수련을 하는 중에는 악령이나 신령을 만나게 되는데, 한국에서는 승려들이나 영웅들이 산속의 동굴에서 열성으로 기도를 하거나 참선을 하다가 산신을 만나 도움이나 조언을 받는 이야기를 많이 찾아볼 수 있다. 또, 산과 산에 거주하는 신령에 대한 믿음의 중요성, 그리고 깨달음을 얻는데 필요한 삼매의 경지에 이르는데 이러한 환경이 주는 중요성을 다루는 힌두교적 불교 경전도 많다. 참선을 하는 사람은 부처와 보살의 능력 외에도 산의 신령의 보호와 도움에 의존해야만 한다.[17] 오늘날까지도 깊은 명상을 하면서 피로나 잡념에 시달리는 승려들은 종종 산신각으로 가서 산신에게 인내와 원기, 순수한 마음, 그리고 의지 등을 달라고 빌기도 한다.

산에서 명상을 하거나 불경을 암송하고 기도를 할 때 그 효과나 힘이 그 산의 지기에 의해 배가된다고 믿는데, 이것은 산신의 관계를 보다 객관적으로 보는 시각이다. 차갑고 단단한 바위 위에 앉은 승려나 수련자는 '뿌리 차크라(Root chakra: 요가에서 인간의 몸에 있는 일곱 군데의 기의 중심지 중 하나)'를 지구의 음기와 연결시킨다. 지기로 가득한 돌로 둘러싸인 동굴이 자궁의 역할을 해서 수련을 통해 새로 태어날 수 있는 것이다. 절벽 앞에서 수련을 하는 것은 위로 뻗는 지기의 영감을 받을 수 있는 길이 된다. 마찬가지로, 산꼭대기나 산

---

16 Clark 1929, p.45.

17 김회우 1996. 한국 불교에는 밀교의 영향이 많았다. 김 교수는 이러한 밀교의 사상이 도선 대사의 풍수지리 사상과 유사한 점이 많다고 지적하고 있다.

(위) 외설악 비선대 계곡을 굽어보고 있는 미륵봉. 그 가운데 금강굴의 모습이 보인다.
(아래) 금강굴 내부의 모습. 천년 전부터 여러 선승들이 참선 수행을 해왔던 곳이다.
(오른쪽) 금강굴에서 바라본 전경의 일부

마루에서 수련을 하면 아래로 흐르는 천기를 받아 수련자는 마치 피뢰침처럼 천기와 지기의 결합으로 완전히 '충전'될 수 있다.

석조 불상의 조각

초기 인도에서부터 중앙아시아를 거쳐 중국으로 퍼져나가면서 불교 신자들은 독립적인 석조 동상이나 파낸 부조를 제작하여 영구적인 상징으로 삼았다. 불교가 전래된 한국은, 조각에 좋은 화강암이 많은 나라였다. 여기에 정령(신)들이 살고 있는 산에 대한 믿음이 더해졌다. 이러한 요소들이 결합하여 세계적으로도 뛰어난 예술 작품인 마애불과 석굴암이 탄생하게 되었다.

1500년의 세월이 흐르는 동안 이름 없는 한국의 승려들은 화강암 절벽이나 우묵한 곳, 산마루 등에 수많은 부처상을 조각했다. 이러한 부저상들은 거

(왼쪽) 전국을 통틀어 아주 돋보이는 서울 도봉산 천축사의 현대판 산신 탱화. 새, 나비, 곤충, 꽃 등 아주 다양하고 복잡한 상징물이 묘사되었다.
(오른쪽) 희귀한 19세기의 산신 탱화. 서울 남쪽의 잘 알려지지 않은 아주 조그만 사찰에 모셔져 있는 걸작이다. 의왕시 백운산의 백운사

의 암자 근처, 인가에서 멀리 떨어진 곳에 조각되었는데, 때로는 계곡 깊숙한 곳이나 전망이 뛰어난 절벽 가장자리 등의 뒤편에 숨어있기도 한다. 이러한 장소들은 대부분 풍수지리 이론에 맞추어 그 지역의 지기에 균형을 더할 수 있는 곳이다. 놀랍도록 강력한 이러한 예술 작품들의 가장 두드러진 예는 경주 부근의 토함산, 남산, 선도산, 단석산 등과 전라남도의 가야산, 운주산, 대구 팔공산의 갓바위, 속리산의 법주사와 상고암, 충청남도의 덕산, 서울의 북한산과 도봉산, 그리고 북한에 있는 금강산 등을 꼽을 수 있다.

이러한 예술 작품들은 거대한 산 그 자체가 부처이며 영적으로 해탈한 존재라는 생각에 기초한다. 신라나 고려의 고대 마애불들은 흔히 아랫부분(다리와 발)은 대체적으로 평평하며, 단순히 음각 또는 양각되어 있고, 위로 올라갈수록 점차 입체적으로 조각되어 밑에서 올려다보면 어깨와 머리 부

분은 거의 완벽하게 사실적으로 조각되어 있다. 따라서 이들은 마치 땅의 바위에서 솟아나와 하늘을 향하고 있는 것처럼 보인다. 마치 바위가 자연의 부처로 태어나는 순간을 응고시켜 인지할 수 있는 현실로 드러내 보이는 듯하다. 이러한 조각 상징은 한국에서만 볼 수 있는 예술적 천재성을 보여주는 것이다.

한반도 전역에서 볼 수 있는 드높은 암벽과 바위들은 혜안을 가진 사람들에게는 마치 아직 조각되지 않은 보살들이 창공을 향해 비상하려는 듯한 모습이 숨겨진 것처럼 보인다. 한국인들은 이러한 부처 산의 절벽 앞이나 동굴, 산마루에서 참선을 하는 승려들과 수도자들은 이러한 과정에 편승할 수 있다고 믿는다. 즉, 끝없이 하늘을 향해 치솟으며 깨달음을 추구하는 바위와 일체가 되면 훨씬 쉽게 깨달음을 얻을 수 있다고 믿는 것이다.

원래부터 불교에 내재되어 있던 이러한 요소들은 보호자이며, 진심으로 도움을 구하는 사람들에게 영적인 조언자, 그리고 갖가지 문제에 당면한 선한 사람들에게 도움을 제공하며 산의 영적 정수의 역할을 하는 한국 토속 산신 전통과 매우 쉽게 동화되었다.

불교의 수용적인 태도와 한국 토속 전통과 공통점을 지니고 있다는 사실은 관세음보살의 경우에서 잘 볼 수 있다. 원래 연안의 어부들을 보호하는 여신이며 '대지의 어머니 신(삼국시대 중국과 한국에서)'이었던 도교의 '서태후(西太侯)'가 관세음보살과 결합되면서 여타의 다른 무속적인 신들(산신과 같은)도 역시 불교의 신들에 흡수시키도록 유도했다.

다음의 기도문은 수륙제에서 불교가 인정하는 산신을 경배하는 것이다. 이 내용은 중국의 승려 '지비안(Zhibian)'이 1270년에 찬술한 의식 문헌집에 포함되어 있으며, 한국 승려들에 의해 법계성범수륙승회수제위괴(1573, 공림사)에 재수록된 것이다.

Single-mindedly [we] respectfully invoke Sacred Mother Earth, *O-ak-je-gun* [Five Peaks Imperial Lord], and *Pal-dae-san-wang* [Eight Great Mountain Kings]. Renouncing the Five Skandhas, (we find) *An-je-bu-in* [one who pacifies and gives salvations]. and *Ik-seong-bo-deok-jin-gun* [More-sagely Upholding-virtue-True-Lord]. In the 10-direction-Dharma-realms, Exquisitely spiritual, exquisitely sagely; All the Great Mountain Kings, together with the retinue which follows them.[18]

신라 시대의 위대한 고승인 자장율사는 문수(文殊)보살의 계시를 받은 후 문수보살[19]을 친견하기

경주 서쪽 오봉산 성악사. 최근에 제작된 베이난 신중 탱화가 모셔져 있고, 그 옆으로 산신 탱화, 그리고 그 앞에는 놀랍게도 불상이 자리잡고 있다.

18 역자 주—나무(南無) 일심봉청(一心奉請) 후토성모(后土聖母) 오악제군(五岳帝君) 직전외아(職典嵬峨) 팔대산왕(八大山王) 금기오온(禁忌五蘊) 안제부인(安濟夫人) 익성(益聖) 보덕진군(保德眞君) 시방법계(十方法界) 지령지성(至靈至聖) 제대산왕(諸大山王) 병종권속(竝從眷屬) 유원승(唯願承) 삼보력(三菩力) 강림도량(降臨道場) 수비공양(受比供養): 일심으로 귀의하여 청하옵나니 거룩한 토지지신이신 신령님, 하늘 높이 솟아 오른 많은 명산대산의 산왕대신, 인간을 금기(禁忌)하시면서도 뭇 사람을 더욱 평안하게 도와주시는 시방세계 최고의 산신령님들께서 본 중악단에 강림하사와 공양을 받으시옵소서. 김회우 1996, p.27. 영문 번역 찰스 밀러.

19 문수(文殊)보살은 지혜와 학식, 의지, 기억, 웅변의 보살이다. 문수보살은 원래 기원 1세기경부터 중국 산서성의 오대산에 계시는 것으로 믿어졌다. 여기서 '대(臺)'라는 것은 산봉우리를 말하는 것으로 산봉우리는 아주 특별한 사찰을 짓는 곳이다. 법회에서 스님이 앉아서 설법을 하는 연단 역시 여기서 유래해서 '대'라는 말을 쓴다. 자장율사가 강원도의 오지에서 문수보살을 친견하곤 그 산의 이름을 오대산이라고 하였다. 오대산은 현재 한국이 국립공원이며 몇몇 대사찰이 자리하고 있을 뿐 아니라 지금까지도 문수보살 신앙의 중심지가 되고 있다.

(왼쪽) 소백산 매봉 자락의 용문사에 모셔진 크고 화려한 신중 탱화. 산신이 가장 앞에 드러나 있다.

(오른쪽) 상무주암의 산신 바로 옆에 모셔진 성모 탱화

위해 오랫동안 찾아 헤맨 끝에 오대산에서 문수보살을 친견할 수 있었다. 이로 인해 (궁중의 후원으로) 오대산신을 불교적으로 신봉하게 되었고, 외국에서 전래된 불교는 토착산신 숭배를 공식적으로 흡수하기 시작했다.

"자장율사는 처음으로 한국의 산에 불교적인 개념을 적용한 이름을 붙인 사람이다. 한국의 주요 산들은 대부분 금강산(다이아몬드산: Vajra Mountain), 설악산(눈 덮인 산: 설산, 히말라야산), 가야산(Bodhgaya Mountain: 부처님이 깨달음을 얻은 곳의 지명), 지리산(지혜의 산)처럼 불교적인 어원을 가진 이름이 붙어있다. 이런 식으로 산에 이름을 붙이는 관습은 이 시대에 시작되었고, 이것은 고대 산신 신앙과 연관이 있음이 분명하다."[20]

두 종교가 섞이면서 상호 의존과 상호 보완의 관계가 시작되었다. 위에서 시작한 선도성모 산신의 전설의 뒷부분이 좋은 예이다. 내가 들은 바에 따르면, 한 중국의 공주가 신선이 되어 후에 신라의 수도가 된 경주로 와서 선도산의 산신이 되었고, 성모라는 이름으로 불리게 되었으며 일반 사람들의 경배를 받았다고 한다. 훨씬 후에(600년경), 지혜라는 비구니의 꿈에 성모가 나타나 절을 재건축할 때 '오악의 신령(신라의 가장 성스러운 산들의 산신들)'과 다른 신들을 그리라고 지시했다. 지혜 비구니가 꿈에서 깨어나보니 성모 '산신'이 절을 재건축하는데 충분한 양의 금을 남겨두고 사라졌다고 한다.

불교 신자가 쓴 이 신화에서는 토속 무속이 한국에서의 불교 정착에 도움을 주고 있음을 볼 수 있다. 분명한 것은, 한국 고유의 신 중 가장 강력한

---

20 Grayson 1989, p.53.

신은 불교가 적대 관계에 있지 않으며, 불교가 한국에서 세력을 확대하는데 반대하지 않음을 보여주고자 했다는 것이다. 한국 고유의 산신이 사찰의 재건축을 지시하고 그에 필요한 재정(한국의 일반 사람들이 이러한 예를 따를 것을 바란 것은 아닌지)을 제공하면서 새로 재건한 사찰에서 다섯 '토착' 산신을 모실 것을 지시했다. 이로서 양측은 서로 상호 의존과 지원 관계를 확립한 것이다.

삼국유사에는 신라의 진지왕(576~579) 시대에 대한 또 다른 이야기가 실려 있는데, 불교 승려인 진자(眞慈)가 미륵보살을 찾아 경주에서 백제의 공주에 있는 한 사찰까지 여행을 했다고 한다. 사찰의 승려들은 그를 남쪽의 천산(千山: 현재의 계룡산으로 강력한 능력을 지니고 있는 것으로 알려져 있다)까지 순례를 보냈다. 산기슭에 당도하자 산신이 노인으로 변하여 나타나 미륵보살이 있는 곳을 알려주었다. 여기서 다시, 불교 신자가 하는 이

오대산 월정사의 대형 탱화 부분도. 조선시대에 행해진 대규모 야단법석(野壇法席)의 모습이다. 그런데 구석에 만신의 굿하는 모습이 그려져 있다.

야기에 산신이 나타나 특별한 정보(전혀 보상을 바라지 않고)를 알려주어 돕는다는 내용이 나와 서로 협조하는 관계를 보여준다.

고려 시대에는 화엄신중 토룡 의식(신성한 지역에서 화엄종의 신중을 경배하는 의식)에서 승려들이 전통적인 신령들과 토속 신앙을 불교적 내용에 접합하는 도구의 역할을 하기도 했다. 이로 인해 신중 탱화는 한국 사찰의 대웅전에 빠지지 않게 되었다. 뒤이어 조선 시대에는 반대로 흩어지는 과정을 거치게 된다. 산신이나 용왕 등 신들 중 일부는 화엄종에서 분리되어 비불교적, 또는 개별적인 신으로 모셔지게 되었다.

C. 산신의 불교 흡수

불교는 한국에 뿌리를 내리고 삼국 시대의 세 나라와 고려의 국교로 부상하면서 한국의 토속 무속을 흡수하고 재정의했을 뿐 아니라, 불교 자체도 정부나 '국가' 종교와 독립적으로 많은 전통적 요소를 지켜온 토속 문화에 의해 새로이 채택되고 해석되어 흡수되었다. 중국에서 전래된 불교는 서서히, 그리고 꾸준히 '한국 불교화' 되는 과정에서 자체의 성격을 한국 사회에 맞도록 변화시켰다. 예를 들면, 마법적인 요소나 호국적 성격을 과장하고 왕을 부처와 같은 존재로 보는 것 등이다. 동시에 한국의 무속은 다른 나라의 토속 종교들과 마찬가지로 외래 종교의 요소들을 받아들였다. 불교의 신들과 사상, 의식과 예술적 모티브를 흡수하고 재정의해 자체의 세계관이나 종교적 표현을 만들어 냈다.

보다 최근에 있었던 이러한 경우의 좋은 예로

시멘트를 전혀 쓰지 않은 탑사의 돌탑들(임선희 사진)

는 마이산의 독특한 상황이 있다. 마이산은 현재 전라북도의 도립 공원으로 지정되어 있다. 이갑용 (~1957)은 출가한지 5년 후 꿈에서 산신을 보았다. 산신은 그에게 사찰을 떠나 거대한 말의 귀 모양 으로 솟은 산을 찾도록 부추겼다. 산신은 그를 마 이산으로 인도했고, 이갑용은 때로는 솔잎으로 연 명하며 동굴에서 은둔 생활을 시작했다. 그는 은 둔하는 동안 여러 번에 걸친 꿈과 환상, 암시를 통 해 산신과 놀라운 대화의 통로를 확립했다.[21]

산신에 대한 불교적·도교적 신도가 된 그는 나 머지 생애를 '말의 귀' 사이에서 보내며 돌을 쌓아 올려 한국 무속의 돌무더기와 불교의 탑을 결합한

108기의 돌탑을 완성했다. 이 탑들은 아직도 이갑 용의 탑사 앞에 서 있어 산신의 한국 불교 이용을 상징적으로 보여주고 있다.

북쪽에서 바라본 마이산. 진안군 근교에 위치해 있다.

---

21 Canda 1980, p.14.

탑사를 건립한 이갑용 처사의 그림

한국 무속은 그 성격상 불교보다도 훨씬 적응적이며 관용적이다. 무속은 한번도 심각하게 외국에서 도래한 종교와 경합을 벌인 일이 없으며, '도덕적 확장주의'적인 요소가 전혀 없다. 만신은 자신에게 깃들이거나, 보호하고 도우며 축복을 주거나 질문에 답을 해준다면, 외국의 신이나 영웅 등 어떤 신도 모실 수 있다. 이것은 기독교와 크게 대비되는 성격으로, 무속 추종자들은 다양하고 많은 신령들을 모시는 것이 득이 된다고 생각한다.

'한국 무속의 기본 성격'은 동물이나 자연 환경을 불필요하게 훼손하는 것에 반대하며, 비정치적이고 평화주의적이며(다만 무속은 불교보다 민족적이며 군국주의적이다) 인과응보를 믿는데 있어 불교와 일치한다. 그러나 불교의 초월적이고 추상적인 개념과 반가족적, 또는 '개인주의적' 교리에는 동의하지 않는다. 개인의 자기 자신을 위한 노력을 통해 깨달음이나 구원을 얻는다는 불교의 발상은 가족과 소속 집단을 우선으로 하는 한국인의 정서

와 어긋난다. 이렇게 부분적인 일치와 불일치, 그리고 새로이 전래된 예술과 의식을 통해 한국의 무속과 한국의 불교는 서로 적응해 나갔으며 당연히 그 과정의 중심에는 산신이 있었다.

불교의 영향을 받은 만신이 서술하는 산신에 대한 의견을 참고해 보자.

"경산 무당이 산신을 숭배하는 이유는 산신이 부처와 같은 마음을 갖고 있어 너그럽고 자비롭기 때문이다. 무당은 산신이 영적으로 높은 곳에 있기 때문에 신심이 있는 사람이 당연히 숭배할 수밖에 없다고 한다. 산신은 신심이 깊은 사람들의 소망을 한 곳으로 모아준다."[22]

한국 무속에서 불교의 상징적 모티브를 흡수했다는 사실은 사찰 신당의 칠성·제석 그림이나 산신, 또는 다른 신들이 불교 의상을 입고 있는 경우를 보면 확실히 드러난다. 산신의 상징적 요소들이

---

22 Canda 1980, p.15.

지리산 북쪽 연원사의 산신 탱화. 손으로 분명히 불교적인 수인(手印)을 짓고 있다.

이 그림에 나타난 산신은 중국의 미륵불에서 여러 가지 모티브들을 빌려오고 있으며 또한 한국의 독성의 영향도 보인다. 그리고 신중이 옆에서 호위하고 있다. 19세기 작품(국립민속박물관 소장)

다양한 영향을 받은 것을 볼 수 있는데, 불교의 영향은 다른 종교에 비해 비교적 드물며 명백하게 드러나지 않는 면이 많다.

알란 코벨(Alan Covell)은 불교 의상을 입고 있는 산신의 그림은 예전에는 꽤 보편적이었을지 모르나 요즘은 매우 찾아보기 힘들다고 했다. 나의 조사에서도 불교의 의상이나 불교적 의식에 사용되는 모자, 또는 한 손으로 수인 표시를 하거나 염주를 들고 있는 모습은 꽤 드물었고, 불교 승려처럼 삭발을 한 산신도 매우 드물었다, 그러나 지금까지도 흔히 볼 수 있는 상징이 하나 있는데, 바로 선승들이 드는 불진을 들고 있는 것이다. 한국 무당들이 사용하는 산신도에서 산신이 호랑이를 타고 있거나 호랑이 등에 앉아있는 모습은 불교의 보살이 자신을 상징하는 동물 위에 앉아있거나 타는 모습을 연상시킨다.

현대식 습합. 삼악산 흥국사 산신각에 모셔진 산신조각으로 춘천시에 있는 예술가가 조각한 것이라고 한다. 여기에서는 칠성 탱화에 나오는 북극성신과 산신의 모습이 습합되어 있다.

청계산 청계사의 산신 탱화는 마치 고대의 불경처럼 검은 배경에 금니 (金泥)로 그려져 있다.

포항시 북쪽 보경사에서 산신께 염불하고 있는 스님의 모습

간혹 발견되는 불교 형식의 산신 그림이나, 그림 내의 불교적 요소에서는 산신이 스스로의 존재를 잃어버릴 만큼 완전히 불교로 흡수되었음을 암시하는 면이 전혀 없다. 오히려, 때때로 불교적 모티브를 이용함으로써(유교와 도교도 마찬가지이며, 어쩌면 미래에는 기독교까지도 포함되지 않을까?) 산신과 산신을 탄생시킨 한국 무속의 유연한 적응성을 증명해 보여주는 것 같다. 이러한 성격으로 인해 산신이 스스로의 권위나 흡인력을 잃지 않고 불교(그 외에도 외국에서 전래한 어떤 종교든)를 흡수하여 오히려 권위와 흡인력을 강화할 수 있었다.

D. 불교의 산신 숭배의식:
봉록 수여를 통한 통합과정

다음은 현대 남한의 전형적인 불교 사찰에서 수련하는 승려들과 비구니들이 암송하는 기도 내용이다. 이 기도는 최소한 하루에 한 번 산신각이나 대웅전의 산신도 앞에서 암송하는데, 산신도 앞에서 촛불을 켜고 향을 태우며 물과 젯밥, 또는 기타 제물들을 올려놓는다. 이른 아침 산신각의 문을 연다음, 또는 저녁에 문을 닫기 전에 하기도 하며, 아침과 저녁에 두 번 하기도 하는데, 특별한 이유가 있을 때는 그 외의 시간에도 한다. 모든 한국의 염불처럼 목탁을 두드리며 리듬에 맞추어 한다.

산신기도문

1. 아금일신중(我今一身中) 즉견무진신(卽見無盡身)
   편재산신전(遍在山神前) 일일무수례(一一無數禮)
   이제 저희는 이 한몸에 무수한 몸이 나투임을 깨닫고 두루 편재하시는 산신전에 무수히 예경하옵니다.

2. 지심정례공양(志心頂禮供養) 만덕고승(萬德高勝)
   성개한적(性皆閒寂) 산왕대신(山王大神)
   만덕을 두루 갖추시고 당할 자가 없으며 만사가 한적함을 깨달으신 산왕대신께 지극한 마음으로 공양하옵니다.

3. 지심정례공양(志心頂禮供養) 차산국내(此山局內)
   항주대성(恒住大聖) 산왕대신(山王大神)
   이산 중에 항상 주재하시는 대성인 산왕대신을 지극
   한 마음으로 공양하옵니다.

4. 지심정례공양(志心頂禮供養) 시방법계(十方法界)
   지령지성(至靈至聖) 산왕대신(山王大神)
   시방법계에 두루 존재하시고 지극히 영험, 거룩하신
   산왕대신을 지극한 마음으로 공양하옵니다.

5. 산왕대성자(山王大聖者)
   최신최령(最神最靈) 능위능맹(能威能猛)
   지극한 신통과 영험, 용맹과 위세로서도 당할자 없
   으신 대성자, 산의 왕,

6. 능맹지처(能猛之處) 최요항마(摧妖降魔)
   최령지시(最靈之時) 소재강복(消災降福)
   유구개수(有求皆遂) 무원부종(無願不從)
   가는 곳마다 용맹을 떨쳐 마귀를 항복받고 언제든지
   그 영험함으로 재해를 물리치고 복을 내리시니 빌지
   않아 못 얻을 뿐 구하는 소원은 모두 이뤄지리라.

7. 사바세계(娑婆世界) 남섬부주(南贍部州) 해동(海東)
   대한민국(大韓民國) ( )도(道) ( )군(郡) ( )산(山) ( )
   사(寺) 원아금차(願我今次) 지극지정성(至極至精誠)
   헌공발원재자(獻供發願齋者)
   사바세계 남섬부주의 해동국 대한민국 ( )도 ( )군 ( )
   사에서 부처님의 제자 ( )가 지극정성으로 발원하옵
   나니,

8. 이차인연공덕(以此因緣功德) 일일유천상지경(日日
   有千祥之慶) 시시무백해지재(時時無百害之災) 사대
   강건(四大强健) 육근청정(六根淸淨) 자손창성(子孫
   昌盛) 부귀영화(富貴榮華) 안과태평(安過泰平) 수명
   장수(壽命長壽) 심중소구소원(心中所求所願) 만사
   여의(萬事如意) 원만형통지대원(圓滿亨通之大願)
   이러한 인연공덕으로 매일 매일 천 가지 경사가 일
   어나고, 백 가지 재해가 물러가며, 이 몸이 강건하며
   보고, 듣고 맛보고, 느끼는 모든 행동에 청정하며,
   자손이 창성하고 부귀영화를 누리며, 모든 일이 태
   평하고, 수명은 장수하며, 마음 속에 바라는 모든 바
   가 뜻대로 되어 만사가 형통하기를 바라옵니다.

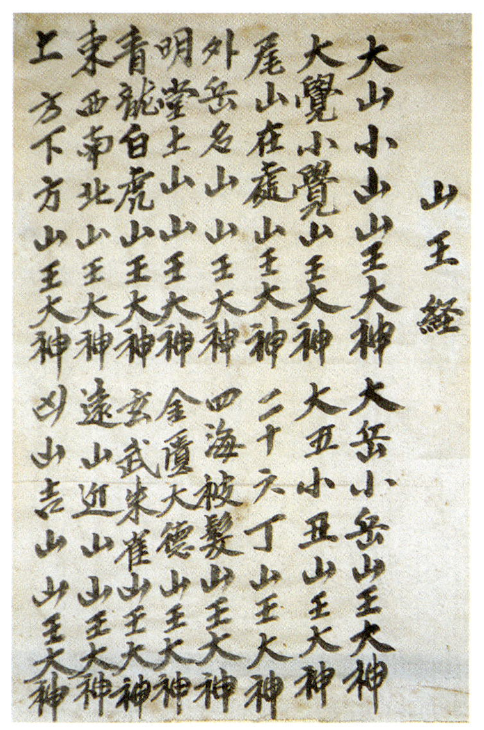

선도산 영흥사 산신각의 벽에 붙여져 있는 간단한 산왕 기도문

147

9. 영산석일여래촉(靈山昔日如來囑) 위진강산도중생
(威振江山度衆生)

   옛날 부처님이 영산에서 설법하실제, 강과 산을 제
   압하고 중생을 구제하셨으니,

10. 만리백운청장리(萬里白雲靑嶂裏) 운거학가임한정
(雲車鶴駕臨閑靜) 앙유제대산왕(仰惟諸大山王) 특
사가지(特賜加持)

   끝없는 하얀 구름과 푸른 봉우리 속에 계시며 구름
   과 학을 타고 다니며 평화롭게 사시는 제대산왕께서
   그 뜻을 이어 주시옵소서.

11. 이차인연공덕(以此因緣功德) 일일유천상지경(日
日有千祥之慶) 시시무백해지재(時時無百害之災)
사대강건(四大强健) 육근청정(六根淸淨) 자손창성
(子孫昌盛) 부귀영화(富貴榮華) 안과태평(安過泰
平) 수명장수(壽命長壽) 심중소구소원(心中所求
所願) 만사여의(萬事如意) 원만형통지대원(圓滿
亨通之大願)

   이러한 인연공덕으로 매일 매일 천 가지 경사가 일
   어나고 백 가지 재해가 물러가며, 이 몸이 강건하며,
   보고, 듣고 맛보고 느끼는 모든 행동에 청정하며, 자
   손이 창성하고, 부귀영회를 누리며, 모든 일이 태평
   하고, 수명은 장수하며, 마음 속에 바라는 모든 바가
   뜻대로 되어 만사가 형통하기를 바라옵나이다.

12. 유원산신(唯願山神) 애강도량(愛降道場) 수차공양
(受此供養)

   원하옵건데 산왕대신께서 본 도량에 강림하옵시어
   공양을 다 드시옵고

적상산 안국사에서 산신께 삼배를 드리고 있는 노보살

13. 실개수공(悉皆受供) 발보리(發菩提) 시작불사(施作
佛事) 도중생(度衆生)

   보리심을 나타내시어 중생을 제도하는 이 불사가 원
   만하게 시작되게 하여주소서.

   이 기도문의 내용은 산신이 행사하는 것으로 알
려진 막대하고 결정적인 힘을 묘사하는데, 주로 신
봉자가 이 세상에서 사는 동안 물질적으로 보다 안
락하고 즐겁게 살 수 있도록 하는 능력을 말한다.
이러한 면은 무속의 전형적인 특성이며, 지혜와 깨
달음 등 초현실적인 지식과 능력, 그리고 죽음 후
의 불교의 핵심과 크게 대비된다. 또한 이 기도문
에서는 산신에게 매우 과장된 이름을 붙이고 칭송
하고 있다. 이 역시 무속을 비롯한 대부분의 종교
에서 찾아볼 수 있는 특징으로, 마치 신의 자존심
을 세워주고 달래려 하거나, 또는 신봉자가 신에
대한 경외심을 다시 확인하기 위해서인 듯하다.
   제9절은 우리에게 가장 많은 것을 시사해 주는

1998년 4월 중악단에서 치러진 계룡산신제. 이 행사는 불교식으로 치러졌으며 주지 스님인 묘봉 스님이 설법을 하였다.

데, 부처는 우주의 지배자 역할인 '제석불' 또는 '비로불'이며, 산신에게 산과 강(계곡)에 거하며 주민들을 '구원'해 달라고 부탁한다. 말하자면 '황제'인 부처가 산신에게 '봉록'을 내려 자신의 신하로 삼고, 종교적인 임무를 수여한 것이다. 다른 절들을 보아도 여기서 말하는 구원은 세속적인 것이며 내세적인 축복이 아님을 확실히 알 수 있다.

산신은 깨달음을 얻는 데도 도움을 주는데(제13절), 이것은 보통 보살들의 능력이고, 그들의 일이다. 그러나 이러한 구절은 마지막에 스치듯이 언급될 뿐이어서, 이것 역시 일종의 경의의 표시일 뿐이라고 볼 수 있다. 산신은 깨달음을 얻은 존재로 보기 때문에, 원래부터도 자신이 돕기로 작정한 사람에게는 지혜와 영적인 환상, 능력을 주는 힘이

있었다. 그러나 산신이 불교적인 깨달음이나 불교의 지옥에서 구원해 주는 힘이 있다고 믿을 이유는 전혀 없다. 이러한 기도문에서는 일종의 영적인 분업이 이루어지고 있음을 느낄 수 있다. 산신은 부처로부터 원래 한국에서 토속적으로 하던 똑같은 일을 지속하도록 권한을 위임받고 있으며, 부처와 보살들은 그 밖의 '새로운' 내세적인 일을 맡기로 한다는 것이다.

따라서 산신은 자신의 영역에서 일종의 중세 영주적 인물이 되며, 제10절에서 불교 승려나 비구니들은 그 영지 안에서 살며 모든 생명체의 구원을 위해 포교를 해도 좋다는 허락을 구한다. 그리고 그 대가로 날마다 영적 음식과 물을 바치고 기도를 하여 '세'를 낸다. 산신은 이미 산에 살고 있으며 그

계룡산신께 녹차를 올리는 모습. 1998년 4월 다도 강사인 허경란 교수가 이 행사를 주관하였다.

지역을 관장하고 있었지만, 부처는 그 역할을 다시 확인해주고 '우주적 권한'을 부여해 그 역할의 합법성을 부여한다. 그리고 그 과정에서 불교 승려들(이들은 한국에서 태어난 한국인이므로 이미 산신의 존재를 믿고 있다고 가정한다)이 산신을 숭배하는 것도 합법화시켜주게 된다.

이미 언급한 바와 같이 (상징적인 것이라고 해도) 일반적으로 보살이 주관하는 일인 구원과 깨달음을 돕는 능력이 부가되어 산신의 능력도 보완된다. 행운과 장수, 다산을 부여하는 전통적인 산신의 능력에 새로운 능력이 추가된 것이다. 이미 갖고 있는 능력은 확실하게 거론하여 확인해주며, 거기에 부처에게 종속(명목적으로나마)되어 그 '수하'가 됨으로써 새로이 구원자적인 역할을 얻었음을 보여준다. 이러한 이론적인 작위 수여는 이미 고려나 조선의 왕들이 산신에 실제로 봉록을 내린 것을 연상케 한다.

이러한 일은 마치 황제가 새로운 영토를 점령하고 나면 그곳의 실질적인 권력을 행사하고 있는 사람은 선정해 황제가 직접 인정함으로써, 그에게 확고한 권한과 합법성을 더해주는 것과 같다. 그 지역뿐 아니라 황제의 세력 아래에 있는 전 지역에서 그 합법성을 인정받게 되는 것이며, 외부 세력의 침범으로부터 보호를 받게 된다. 물론 지역 통치자의 주권은 손상되지만, 이러한 일은 고대나 현대의 역사(최소한 동아시아 지역의 역사)에 흔히 등장하는 것이다. 예를 들면, 명나라의 황제가 조선의 이태조를 한국의 새로운 왕조의 시조로 인정한 것이나, 미국의 대통령들이 (1962년과 1982년의 정상회담을 통해) 쿠데타로 정권을 잡은 박정희 대통령

과 전두환 대통령의 정통성을 인정해준 것 등이 있다. 이러한 경우에서, 이들이 쿠데타를 통해 잡은 실권을 거대한 '제국'이 실질적으로 반대할 수 있는 것이 아니었고, 다만 약간의 자주성과 주체성을 인정해주는 것뿐이었다.

국제 정치에서 흔히 볼 수 있는 이러한 과정이 종교적으로 적용되어 두 강력한 신앙 체제의 융화를 정당화시켜주었다. 이렇게 해서 두 종교는 갈등과 대결 대신 상호 협조와 융화를 택한 것이다. 한국인들은 가장 선호하는 토속 신이 새롭고 보다 세련된 외부 종교에 의해 완전히 밀려나도록 하기보다는 (후에 기독교의 도래로 결국 그렇게 되지만) 산신을 '황제' 부처의 수하로 만들어 보존했다. 이렇게 하는 것이 산신을 완전히 몰아내고 산신보다 친근하거나 자비롭지 못할 수도 있는 외국의 신을 그 자리에 두는 것보다는 낫다고 생각한 것이다.

E. 사찰의 산신 사당: 상호 지원의 전통

한국의 주도적인 종파인 조계종과 태고종(두 종파를 더하면 한국의 모든 사찰과 승려의 95%가 된다)을 비롯해서 현존하는 거의 모든 불교 사원에는 산신을 위한 사당이 있다. 별도의 사당 건물인 경우도 있고, 대웅전의 한쪽 벽에 놓인 제단인 경우도 있지만, 대부분은 별도의 건물에 다른 신들과 함께 모셔져 있다.

이러한 사당은 주로 사찰의 뒤편, 담장 안쪽에 있다. 한국의 사찰이 대부분 산비탈에 세워져 있으므로, 산신각은 다른 건물들보다 위쪽에 위치하

보통 불교식 전각들의 뒤 또는 위쪽에 자리잡고 있는 산신각 또는 삼성각

게 되며, 산신 탱화는 불상들보다 높은 곳에 위치하게 된다. 이렇듯 산신을 모든 불상보다 '위쪽에' 두었다는 것은 산신을 매우 존중했음을 보여주는 것이다.[23]

이런 식으로 '격상된' 산신들은 내가 정의한 '고급 단계'의 신에 속한다.

각 사찰에는 일반화된 산신, 즉 내가 나눈 '중급 단계'에 속하는 산신을 산신 탱화를 통해 표현하고 있다. 탱화 속의 산신은 명확하게 '하급' 신으로, 데바나 나한처럼 부처나 보살보다 낮은 지위에 있다.

또 한 가지 산신이 높이 받들어지고 있음을 보

여주는 것은, '삼성각'이라는 이름이 일반적으로 칠성·제석불을 중심으로, 산신과 독성이 양쪽에 모셔져 있는 사당의 현판에 사용되고 있다는 것이다. 이 이름은 중국의 불교사원에서 유래된 것으로, 특히 인기가 있고 중요한 불교의 세 신을 모시는 사원에 사용되던 것으로 중국의 삼성각에서는 아미타불을 중심으로 양쪽에 관음보살과 보현보살을 모신다.

한국의 불교도들은 삼국시대부터 주요한 사찰을 산악지대에 건축했다. 특히 선종에서는 800년 이후부터 도시의 산만함과 유혹에서 멀리 떨어진 곳을 선호했다. 이들은 한국 선종의 구산(九山)을 세우고 각기 본원 사찰이 있는 봉우리의 이름을 붙였다. 고려시대에 선불교는 서서히 교종(교리 주의)을 누르고 제1종파로 부상했고, 조선시대 불교의 탄압(도시 지역에서 사찰을 몰아내는 것을 포함)을 겪으면서 산속에 자리 잡은 선종(이 무렵 이

---

[23] 다른 뜻으로 보자면 이것은 마치 기업에서 전(前) 회장에게 '명예 회장'이라는 직함을 붙이듯이 옛날에 한때 섬김을 받았으되 지금은 실권이 없는 '높은' 자리로 밀려났다고 볼 수도 있다. 1997년 월운스님도 이런 의견을 제시했었다. 이하 본 장에서 다루는 산신의 대우는 이러한 견해를 보완해준다고 할 수 있다.

화가 난 의상 대사가 돌을 공중에 들어보임으로써 마을 사람들에게 겁을 주고 있는 그림(낙산사 소장)

미 교종 가르침은 대부분 조계종으로 흡수되어 있었다)만이 존속될 수 있었다.

산속 깊이 사는 승려들은 부분적으로 산신을 믿는 시골 마을 사람들에게 둘러싸여 있었고, 대부분 승려가 되기 전에 전통 한국의 무속을 믿는 일반적인 사람들이었기 때문에, 출가를 한 이후에도 산신에 대해 친근감을 느끼고 그러한 감정을 계속 유지하고 있었을 것이다. 불교 사찰을 짓고 운영하는데 필요한 비용을 주변 마을 사람들이 자연스럽게 자발적으로 대는 것은 전혀 아니었다. 특히 사찰의 위치로 인해 산의 지기를 흐트러뜨려 행운을 거두어 갈 수 있다고 생각하는 경우에는 반발을 할 수도 있었다. 이러한 반발은 대부분 역사의 흐름 속에서 잊혀졌지만, 선달산 부석사를 세울 때에 의상 대사가 겪은 유명한 이야기가 남아 있어, 이러한 주민의 반발이 심각한 문제가 되었음을 보여준다. 의상 대사는 거대한 바위가 공중으로 떠오르는 마법을 실연해 보여주고 나서야 건설 중인 절터를 공격해오는 군중들을 막을 수 있었다. 결국 두려움을 느낀 마을 사람들은 물러났고, 절을 세우는 것을 허용했다. 그 바위는 대웅전 뒤쪽 왼편으로 약간 벗어난 곳에 내려앉았고, 지금도 그 자리에 남아 있다(한문으로 '부석(浮石)'이라는 이름이 새겨져 있다).

이러한 경우, 사찰 경내에 산신을 위한 사당을 세우는 것이 큰 도움이 되었을 것이다. 한국의 불교는 농촌 주민들의 지원이 없었다면 처음 천 년간 한국에 그토록 확고한 뿌리를 내릴 수 없었을 것이며, 거의 오백 년에 걸친 조선시대의 탄압을 이겨낼 수 없었을 것이다. 그리고 이러한 주민들의 후원은 최소한 일부분은 불교 사찰에서 산신을 수용한 것에 기인하는 것이다.

지리산 실상사의 신중 탱화에 나타난 산신의 모습. 실상사는 구산선문(九山禪門) 중 하나이다.

"조선 말기 어려운 시절 동안 불교가 지속될 수 있었던 또 다른 이유는 일반 국민들의 호의적인 태도에 있다. 궁정의 하인들은 관리들에게 간접적인 영향을 주어 어느 정도의 보호막을 형성해 주었다. 일반 국민들 사이에서 불교는 한국 민속 종교와 불교 교리의 혼합이었다. 그러나 가장 국민들의 지지를 받는 숭배 대상은 아미타불과 산신이었다. 아미타불 숭배는 이 세상을 떠난 후에 서방 정토에서 자비로운 신과 함께 영원히 살고 싶은 염원과 관련된 것이다. 산신 숭배 역시 사찰 경내에서 진행되었고, 아들을 낳기를 바라는 여인들이 많이 찾았다."[24]

김회우 교수의 사찰 역사 기록에 대한 연구(1996)는 18세기 이전에는 산신각을 세운 사찰이 많지 않았음을 보여준다. 그러므로 사찰 내의 산신각은 비교적 최근에 발달한 것으로, 요즘 그토

---

24 Grayson 1989, p.175.

팔공산 묘봉암의 산신각에서 바라본 절경. 팔공산 남동쪽 봉우리에 새겨진 일명 갓바위라 불리는 신라시대 석조 불상 앞에서 기도하고 있는 승려. 이처럼 산정상의 돌을 깎아서 불상으로 만든 경우는 한국에서도 몇 곳 되지 않는다.

록 많이 분포되어 있는 것이 꽤 놀라운 일이다. 도회 지역의 사찰들(신라와 고려 시절에는 대부분 도시에 있었다)은 아마도 산신을 모실 필요성을 거의 느끼지 못했을 것이다. 산신각이 세워지기 전에는 아마도 산간 지역에서는 그 지역의 산신을 절의 다른 건물들(때로는 요즈음 볼 수 있듯이 대웅전에까지도)에 함께 모셨거나 사찰 건물들보다 위쪽 산비탈에 외부 제단을 두어 모셨을 것이다.

그러면 어째서 17세기경에 산신각이 나타나기 시작했으며 19세기에 들어서면서 본격적으로 세워지기 시작했을까? 조선시대 말에, 지방의 거의 모

든 사찰들은 더 이상 소작료만으로 운영할 수 없게 되었고, 시주를 받거나 지역 주민들을 위한 의식이나 기도회를 주관해 벌어들이는 수입에 의존할 수밖에 없었다. 그 결과, 일반 신도들의 다양한 취향에 맞출 수 있는 의식들을 제공하게 되었다. 불교적인 의식을 확대하려는 시도가 있었던 것으로 보이며, 이 과정에서 산신이나 칠성, 용왕 등 신중 탱화 속의 신들을 다시 개별화시키게 되었다.[25]

여기서 우리는 불교 사찰과 산신이 매우 현실적인 단계에서 연합하게 되는 것을 볼 수 있다(앞에서 거론한 보다 이론적인 이유와 비교해서). 사찰에서는 지역의 산신을 모시고 예불을 올리는 대가로 승려 자신들이 영적인 보호를 받았을 뿐 아니라 지역 주민들로부터도 보다 많은 지원을 받게 된 것이다. 요즘 들어서도 사찰의 현금 수입의 상당 부분이 산신각에서 걷힌다는 사실은 잘 알려져 있다. 많은 사찰에서 큰 시주를 하는 사람(산신이 현신해 주길 비는 마음에서)을 위해 삼일 산신기도회를 올려준다. 또 다른 요소는 산신각이 불교 신도가 아닌 사람들을 사찰로 끌어들여 불교 교리를 배울 수 있는 기회를 준다는 점이다. 비불교적인 산신은 민간인들의 마음에 강하게 남아있어, 사찰의 종교 체제 속에 융합되면서 승려들은 보다 많은 시주와 지역 주민의 지지를 받을 수 있었고, 불교의 확장에

---

25 또한 도교에서 파생되어 하늘과 별자리에 기도하던 '소격서'가 1518년 이후로 공식적으로 금지되었다. 이후 소격서(昭格署: 조선시대 도교의 재초(齋醮)를 거행하기 위하여 설치한 관서)를 되살리려는 움직임이 있었지만 1592년에서 1598년 사이 임진왜란을 겪은 선조대왕의 명령에 의해서 완전히 사라지고 말았다. 이는 이후 조선이 철저하게 성리학으로 돌아섰기 때문이다. 그렇게 됨으로써 일반 민중들은 이제 칠성과 산신을 경배하는 것으로 방향을 바꾸게 되었다.

도 도움이 되었다.

산신과 불교의 융합에는 또 다른 실질적인 면이 있었다. 지위가 높은 승려 한 분이 내게 얘기해 준 바에 따르면, 불교는 그 성격에 있어 비폭력적이고 비판을 하지 않기 때문에 이 세상의 악인들을 처벌할 수 없다는 한계성이 있다고 한다. 악인들은 죽은 다음 지옥에 가서야 자신의 죗값을 치르게 된다. 그러나 앞에서 설명했듯이, 토속 전통 속의 산신은 종종 호랑이를 통해 선인을 보호하고 악한 일을 하는 사람에게 응당한 처벌을 하는 역할을 해왔다. 그러므로 산신은 산신을 모시는 사찰에 도움이 될 수 있었다. 범죄자들을 처벌하거나, 최소한 그들의 마음 속에 두려움을 심어줄 수 있었다. 이러한 이론에 따르면 산신은 사찰이 서 있는 산의 '주인' 역할뿐 아니라 '경찰'의 역할까지 더해 초자연적인 수호자가 되는 것이다. 그러나 나에게 이 이야기를 해준 다음 스님은, 최근에 들어서 여러 사찰에서 산신 탱화가 도난을 당하고 있는 걸 보면 산신이 수호자의 역할을 제대로 수행하지 못하는 것 같다고 말하며 웃었다.[26]

이 무렵 산신은 사찰의 종교적 체제에 완전히 융화되어 있었다. 최근에 새로운 산신 탱화를 봉헌하는 의식을 치른 주지 만성 스님은 나에게 탱화를 봉헌할 때 다른 부처를 봉헌할 때와 같은 기도문을 암송했다고 얘기해 주었다. 다만 이름을 바꾸었을 뿐인데, 그러한 일이 적절하지 않다는 생각은 전혀 하지 않았다.

나는 한국의 일반 신자들이 불교의 신들보다는 산신에게 소원을 비는 쪽을 훨씬 편안하게 생각한다고 하는 이야기를 절에서 들었다. 부처들이나 보살들은 우주적인 영역에서는 막강한 존재이지만, 동시에 미미한 일반 백성의 하찮은 문제들에 신경을 쓰기에는 너무 강력하고 중요하며 멀리 있다는 느낌을 주었고, 더구나 이들은 '외국인'이어서 평범한 한국인에게 신경을 써 줄 가능성이 거의 없다고 생각되었다. 산신은 한국인이고 지역의 주민이며, 따라서 '우리 중 하나'였다. 외국 황제가 한국을 점령하고 있다면, 한국의 마을 주민은 외국의 황제에게 불만 사항을 건의하거나 은혜를 구하지 않고 지역을 다스리는 한국 관리(외국 황제의 권한에 의해 임명되거나 봉록을 준)에게로 갔을 것이며, 그 관리는 자신의 제한적인 권한으로 해결하거나 외국 정부와의 사이에 들어 중개자 역할을 했을 것이다. 마찬가지로, 일반 신자들은 보다 친숙한 산신에게 나아가 돈을 바치며 도움을 청했던 것이다.[27]

F. 반대의 경우(불교의 저항)

그러나 한국의 모든 불교 사찰과 승려들, 또는 일반인들이 내가 앞에서 말한 것 같은 관점에서 산

---

[26] 월운 스님 1997. 다른 주지스님들 역시 비슷한 말씀을 해주셨다. 최근 들어서는 몇 남지 않은 산신 탱화가 민속 예술품 소장가들 사이에서 고가로 거래되는 바람에 이들 산사의 탱화는 도둑들의 주 목표가 되고 있다. 산신이 무기를 들고 있는 것으로 묘사되는 경우는 거의 없으니, 수호자나 압제자로서의 역할은 약하다고 볼 수도 있다. 산신의 가장 강력한 무기는 호랑이였지만 이제는 호랑이에 대한 두려움도 많이 약해졌다. 산신은 주로 권위와 건강·치료·정력의 상징들을 들고 있는 것으로 보아 경찰로서라기보다는 산의 환경을 수호하고, 인간의 건강을 지켜주는 수호신의 역할이 주라고 할 수 있다.

[27] 이 결론은 내가 14년간 한국에 살아오면서, 특히 수많은 사찰을 방문하고 그들과 이야기를 나누면서 생각해낸 이론이다. 지금으로서 여기에 다른 '증거'를 보탤 수는 없다.

신을 본 것은 아니다. 오랫동안 서로 상호 지원 관계를 유지해 왔음에도 불구하고 산신을 사찰 경내에 들이는 것에 대해 반대하는 사람도 많았다. 나는 이러한 반대의 역사적 배경에 대한 정보는 전혀 얻을 수 없었다. 그러나 현재 이러한 반대가 확실히 존재하고 있다.

원불교나 천태불교 등 일부 소규모 종파에서는 깊은 산중에 위치한 사찰에도 산신각을 두고 있지 않다. 이러한 누락은 천태종의 본원인 구인사에서 가장 두드러지게 눈에 띈다. 구인사는 소백산 신선봉 기슭에 자리하고 있으며 십여 채의 사당 건물과 수백 개의 방이 있는 거대한 사찰이다. 산신 사당을 세우기에 완벽한 곳처럼 보이지만 전혀 찾아볼 수 없다. 그리고 다른 비불교적 신을 모신 사당도 전혀 없으므로, 이것은 이 종파의 의도적인 정책임이 분명하다.

또 주류인 조계종과 태고종에서도 때때로 산신을 사찰 경내에 모시는 것에 대한 반대가 있다. 조계종의 주요 사찰인 내장산 백양사에 갔을 때, 그곳에서 산신 사당을 찾아볼 수 없었다. 1989년 그

해인사 내 육각형의 전각 내부에 모셔졌던 그림(1983년 1월 촬영) 산신. 독성. 용왕의 모습이 보인다. 지금은 이 중 독성 탱화만 남아 있다.

곳의 주지 스님은 내게 산신은 '단지 원시적인 미신'일 뿐이며 자신의 사찰에서는 전혀 환영받지 못하는 존재라고 얘기해 주었다. 마찬가지로, 1998년 전라남도의 태안사에 갔을 때도 본당이나 암자에서 산신도를 전혀 찾아볼 수 없었다. 이곳 승려들은 유난히 엄격한 참선을 수행하고 있었고, 일반인들의 방문을 반기지 않았다. 신라 시대의 유명한 도학자 최치원이 말년을 보냈다는 이곳에서는 토속신의 사당을 필요로하지도, 원하지도 않았다.

1980년대와 90년대 한국에서 가장 유명하고 존경을 받던 '국부'였던 가야산 해인사의 성철 큰스님(1993년 타계)은 교리적으로 무속적 요소에 대해 열정적으로 반대하고 있었고, '정화된' 불교를 주창했다. 나는 그분의 제졸로부터 성철 스님이 해인사의 모든 건물과 암자에서 산신 제단과 그림을 치워버리고 사찰의 박물관에 보관하게 했다는 얘기를 들었다. 그러나 큰스님이 타계하신 후 '일반인들이 산신을 많이 찾기 때문에' 절반 이상의 암자에 이들을 돌려주었다고 한다.

그토록 위대한 스님도 산신을 반대하는데 실패했다. 그밖에 다른 불교의 반대는 너무도 드물게 발견되어서 이러한 현상은 "예외가 없는 진실은 없다"는 말을 증명해 줄 뿐인 듯하다.

어쩌면 산신과의 전통적인 협조관계에 대한 저항은 현대에 들어와 한국의 불교가 기독교와 경쟁하게 된 것과 관련이 있을 수도 있다(이로 인해 한국의 불교는 기독교적 형태와 자세를 받아들이게 되었고, '옛 미신'에 대한 일반적인 미약한 비판도 일기 시작했다). 그러나 이러한 반대는 지금까지는 크게 주목할 만하지는 않으며, 가까운 장래에 주목할 만한 단계로 발전할 것 같지도 않다. 오히려 지속적인 산신의 인기는 한국의 불교 사원 안에 영구적인 자리를 확보하는 쪽으로 나갈 것처럼 보인다.

G. 미래의 융화: 산신을 보살로

앞장에서 산신 탱화에 대해 서술하면서 해인사의 산신 탱화는 비불교적인 근원과 상징을 사용하며, 일부 복원을 이유로 들어 대상에서 제외한다고 명시한 바 있다. 불교 사찰 안에 별도의 사당을 세워 도교적·무속적·민속적 신을 숭배하는 데 대한 논란은 아마도 이러한 사당들이 존재하는 한 조계종 및 기타 종파에서 지속될 것이다.[28] 독성과 칠성은 불교 내에서 충분히 불교화되어 받아들일 수 있

---

[28] 다음과 같은 구별을 주의해볼 필요가 있다. 천사나 도교적인 불사(不死)의 존재들, 용, 수호 신장, 그리고 산신 등이 사찰의 벽이나 천장 등에 그려지거나 큰 불화의 일부로 등장하는 데 대해서 반대하는 사람은 아무도 없는 것 같다. 즉 이러한 요소들을 사찰 밖으로 완전히 쫓아내버림으로서, 한국 불교의 토양이 되는 민속 문화로부터 불교를 분리시키기를 원하는 사람은 하나도 없는 것 같다. 단, 공양물, 기도, 찬탄, 심지어는 독립적인 전각까지 가지게 될 때 이것이 자칫 불교의 신들에 대한 공양을 약화시키지는 않을까 두려워하게 된다.

삼악산 정양사의 삼성각. 그 앞에 불교식 석등이 놓인 것이 이채롭다.

새로이 제작된 산신 보살의 모습

게 되었고, 일부 사찰에서는 보다 높은 지위가 부여되기도 했다. 산신은 수세기에 걸쳐 인간의 모습으로 표현되는 동안 불교와 타종교에서 많은 상징적 모티브를 빌려왔지만 항상 완전히, 분명히, 그리고 확실하게 비불교적 신으로 남아있었다. 최소한 지금까지는.

1988년 10월 해인사를 찾았을 때, 나는 12년에 걸친 연구를 통해 취득한 관점을 완전히 뒤집어놓는 극단적인 변화가 일어난 사실을 발견했다. 이 책에서 밝혔듯이 산신 탱화는 매우 다양한 특징들이 있다. 나는 한국에서 여행을 하면서 종종 이전에 한번도 보지 못한 산신의 상징적 요소들을 발견할 수 있었고, 볼만한 것들은 다 보았다고 생각될 무렵에도 친지들에게 "이 연구에는 끝이 없는 것

같다"고 하며 나의 놀라움을 토로했었다. 그러나 홍제암으로 다가갔을 때 내 눈앞에 펼쳐진 광경에 놀라 할 말을 잊고 말았다!

승려들이 거주하는 건물들 뒤쪽, 홍제암(이름은 암자라고 하지만 대부분의 사찰에 비해 훨씬 규모가 크다. 이곳은 고승 사명 대사의 암자로 그의 사리탑이 모셔져 있다)의 장엄한 불당들 뒤쪽에 반쯤 숨겨져 있는 담장으로 둘러싸인 작은 구역이 있는데, 그 안에 새로이 건축한 육각형의 시멘트 사당이 있다.[29] 그 안에 들어서자 새로이 그린 탱화가

---

29 해인사 큰절의 대웅전 바로 왼쪽에 있었던 옛날의 그 육각정을 본따서 지은 것이 아닐까 한다. 이 육각정은 산신각으로 아주 뛰어난 산신, 독성, 용왕의 탱화가 모셔져 있었는데 1990년 해인사 중창 때에 성철 큰스님의 명령으로 다 없어지고 독성 탱화만 남게 되었다.

수락산 염불사의 산신 탱화. 손에 불교식 염주를 들고 있다.

해인사 홍제암에 새로 지어진 육각정 모양의 산신전. 정견각이라는 현
판이 붙어있다. 정견은 팔정도 중의 하나로서 바르게 본다는 뜻이다.
그것은 산신을 보살로 보는 것이 바르게 본다는 뜻일까? 아니면 산신
이 세상을 바르게 본다는 뜻일까?

눈앞에 나타났는데, 그 그림에는 산신이 불교의 보
살처럼 그려져 있었다.

배경은 일반적인 산신 탱화와 크게 다를 것이
없고,[30] 이 그림 속의 인물이 산신이라는 것은 의심
할 여지가 없었다(무엇보다도 산신의 주 상징인 호
랑이가 있었기 때문에). 그러나 중앙의 인물이 불
교의 보살이라는 것도 의심할 수 없을 만큼 확실

---

30 약간 특이한 모티브가 있긴 했다. 이 호랑이는 색깔이 회색
  이다. 그리고 하늘에도 붉은 태양 대신 흰색의 달이 그려져
  있다. 그리고 시자가 들고 있는 족자의 색이 빨강, 노랑, 파
  랑으로 아주 강렬한 색이다. 이것은 바로 한국식의 태극에
  서 사용되는 색들이다.

경주 오봉사 성암사 여기서는 조그마한 흰색 불상이 산신상을 대신하고 있다.

했다. 모든 상징적 요소가 일치하며, 피부색까지도 약간 갈색을 띠고 있었다. 가장 놀라운 것은 커다란 붉은 후광과 매우 화려한 관이었다. 오른손에는 깃털 부채를 들고 있는데 이 또한 매우 독특하게 초록빛 공작 깃털 부채였다. 손가락으로는 확실하지는 않지만 수인을 하고 있는 것처럼 보였다. 복장 역시 일반적인 산신의 복장과 달리 매우 화려했으며, 소매 중앙에 이상스러운 뾰족한 장식들이 달려있어 마치 미국의 '펑크족'들이 입는 옷처럼 보이기까지 했다. 그리고 그 앞에는 중국의 궁중에서 입는 노란색의 장삼을 입고 금관을 쓴 작은 보살상이 일반적인 흰색 깃털 부채를 들고 있었지만, 그 옆에 호랑이는 없었다.

이 인물이 어떤 특정한 보살임을 증명하는 상징적 요소가 전혀 없어서, 내가 생각하기에는 어떤 특정한 보살을 나타내고 있는 것 같지는 않았다. 따라서, 이 보살상은 칠성 탱화에 나오는 '일반적인 부처들', 즉 '준 보살'을 상징하는 것이 분명하다. 이것은 한국 종교 역사에서 새로운 창작품이며, 다른 신의 상징적 요소를 결합한 새로운 성상이었다. 산신 보살이 등장한 것이다.

이 그림은 유명한 성상파괴적 미술가로 알려진 여류화가 박 씨가 그린 것이다. 나는 아직까지 어느 승려가 이런 과격한 탱화를 그리도록 주문했는지, 그 이유가 무엇이었고, 현재 사찰 운영자들이 어떻게 생각하고 있는지 알아내지 못했다. 그러나 이러한 그림이 산신의 상징을 파괴하여 불교 내적인 신으로 만드는 것으로 비불교적인 산신의 지위에 대한 논쟁을 해결하려는 시도였을 것이라고 짐작할 수 있다. 여기서는 산신을 '보살의 지위'(공식적으로는 여러 부처들의 바로 아래에 위치함)로 격상시켜 사찰 내에서 일반 신도들뿐 아니라 승려들까지도 공식적으로 추앙할 수 있도록 공인해준 셈이다.

사찰이 재건되는 과정에서 이러한 자격 상승의 징후는 이밖에도 여러 가지가 있다. 산신각과 삼신각은 예전보다 크고 화려하게 재건되고 있으며(때로는 대웅전보다 화려해지는 경우도 있다!) 석등이 그 앞에 놓이기도 하고(원래 석등은 불당 앞에만 놓이는 것이다) 부처나 보살상이 산신 탱화 앞에 놓이기도 한다.

내가 생각하기에, 이러한 시도를 정당화하기 위해 대승 불교 경전에 언급된 보호적 산신이 거론될 것으로 본다. 그리고 어쨌든 이러한 현상은 '일곱 준 부처'로 변신한 칠성의 상징적 변환을 반영하는 것이기도 하다.

단순히 표면적으로만 볼 때는 이러한 놀라운 변화가 양쪽 모두에 득이 되는 것처럼 보일 수도 있다. 불교의 입장에서는 강력하고 인기있는 새로운 보살이 더해져 무속적·도교적·민속적 신에 대한 오랜 갈등을 해소하고, 드러내고 경배할 수 있으며, 산신은 영적 세계에서 보다 높은 자리를 차지하게 된다. 이러한 현상은 어떤 면에서는 피할 수 없는 일이었다고도 볼 수 있다. 나는 앞으로도 이러한 현상을 세밀히 관찰하고 다른 사찰로 확대되는지, 또는 홍제암에만 국한될 것인지 지켜볼 것이다.

이를 환영하는 한국인들도 많을 것이다. 특히 일반 산신 숭배자들은 크게 환영할지도 모른다. 그러나 승려들 중에는 반대가 많을 것이다. 성철 스님은 크게 분노할 것이다! 나 자신도 반대하는 입장이지만, 사실 이러한 추세가 크게 퍼질 것이라고는 믿지 않는다. 산신의 고유 성격은 한국 보살들의 섬세하고 깔끔하며 우아한 이미지에 비해 너무 거칠고 토속적이며 자연주의적이어서 절대 함께 어울리기 힘들며, 더욱이 독특한 상징적 이미지는 무속과 도교, 유교에 깊이 뿌리를 박고 있어서 불교 안으로 완전히 흡수되기는 어려울 것이다. 산신은 외국에서 들어온 종교의 신으로 완전히 포함되기에는 너무도 토속적인 신이다. 산신은 한국인의 생활의 일면이 아니라 전체를 대표하는 신이며, 한국인 모두에게 속한 신이지 불교도들만이 경배하는 신이 아니다.

제4장

산신의 미래에 대한 전망

기림사 북암의 산신각 내부.
산신 탱화 둘에 산신상 한 점이 모셔져 있다.

산신의 미래에 대한 전망

1. 21세기 한국 문화에서 산신의 위치

이제 다섯 번째의 밀레니엄의 한 가운데서(한국 민족의 '단기' 달력에 따라), 또는 세 번째 밀레니엄의 새벽에서(서구 달력에 따라), 한국의 산신 전통은 여전히 강력한 영향력을 행사하고 있다. 광범위하고 급격한 현대화의 물결 속에서도 산신의 흔적은 도처에 흩어져 남아 있고, 혼란스럽고 경박한 외관을 뚫고 굳건한 옛 지혜의 뿌리를 엿볼 수 있게 해 준다. 이제 뒤늦게 학계의 인정을 받기 시작했고, 진지한 연구가 진행되기 시작하여 "옛날이 마을에 미신이 있었는데…"의 단계를 확실히 벗어나게 되었다. 그러나 비슷한 다른 전통 문화에 비해 (탈춤, 무속, 불교, 예술, 판소리 등) 아직도 일반 대중문화적으로는 거의 인정받지 못하고 있다. 한국 문화에서 산신의 중심적인 역할이나 지속성, 포괄성 등을 생각해 볼 때 이러한 현상은 매우 의외로 보인다.

1990년대 남한은 보편적인 '신(新)전통주의' 물결에 휩쓸렸다. 이제 경제에 대해서 한숨을 돌리게 되자 식당이나 찻집, 카페나 공연장, 음반 가게, 옷

계룡산 신원사 뒤쪽에 모셔진 현대식 놀탑

성주 북동쪽의 한 무속인 집에 모아놓은 민속적인 석조 조각들

가게 그리고 대중매체까지도 현대 취향에 맞추어 조선시대의 생활과 문화를 재조명하고 있다. 이러한 이미지와 제품들의 주요 고객은 중산층이다. 경제 위기에 시달리는 중산층들은 국가 의식을 강화하고 급속한 경제 발전 외의 다른 면에서 자부심을 느끼고 싶어 하기 때문이다. 등산이나 상징으로 산은 그 어느 때보다도 관심을 끌고 있다. 새로운 소주 브랜드인 '산'은 전통적인 그림 글자를 로고로 사용하며, 신성한 산인 지리산에서 키운 녹차를 가미해 해독 작용이 있다고 선전하고 있는데, 반응이 아주 좋다고 한다. 이러한 분위기에서조차 산신 전통이 한국 역사상 그 어느 때보다도 일반인들에게 잘 알려져 있지 않다는 것은 아이러니인 것 같다. 수천 년 동안 산신은 누구나 알고 믿었던 존재였지만, 지난 10여 년간 나는 몇몇 승려나 만신, 교수, 그리고 민속 전문가들을 제외하면 산신에 대해 한 가지라도 제대로 말할 수 있는 사람을 거의 보지 못했다.

그러나 '전통'은 계속 변천하며, 산신 신앙이나 관습도 예외가 아니다. 앞에서 얘기한 극단적인 새로운 '산신 보살'의 예를 보라! 나는 한국의 산신은 21세기를 맞아 새롭고 중요한 사회문화적 역할을 수행하게 되리라고 확신한다. 특히 민족의 정체성이나 환경 보호, 그리고 남북통일 분야에서.

산신은 고대 한국의 무속에 뿌리를 두고 있다. 그러나 이 책에서 보여주었듯이 다른 한국 종교 전통의 상징과 관습을 주고받아 특정 신앙 체제 이상으로 변천했다. 내 생각에 산신은 이로 인해 어떤 특정한 '종파'에 완전히 흡수되는 것을 피할 수 있었다. 어떤 종교적 상징도 이처럼 다양하게 '전통적인' 한국 문화의 주요 요소들을 포함하지 못한

다. 산신은 모든 문화 요소들을 개념적으로 배열할 수 있는 뿌리 내지는 축이 되는 '중심적' 존재라고 불러도 지나치지 않을 것이다.

한국인의 신앙적 의식은 1세기 전에 보여준 것보다 훨씬 세련되게 변했다. 산신에 대해 많은 지식을 보유하거나 깊이 몰두하고 있지는 않지만, 여전히 어느 정도 산신을 '믿고' 있는 사람들이 많이 있다. 대부분의 산업화된 국가에서 볼 수 있는 것처럼, 교육을 많이 받고 국제적인 종교를 믿는 사람은 조상의 신령 숭배를 지속하기가 힘들다. 그러나 그들에게도 산신은 오랜 전통과 독특한 한국 문화의 상징 또는 전형이라는 점에서 여전히 가치를 지닐 수 있다. 심리학자 칼 융과 문화인류학자 조셉 캠벨(Joseph Campbell)이 정의한 용어를 사용하자면, 어쩌면 그들은 나와 같이 산신을 인간과 산의 관계를 이상적이고 상호 상승적으로 통합해 주는 복합적이고 원형적인 상징으로 볼 수 있을 것이다.

'미신'에 반대하는 사람들도 공자가 주창한 마음가짐에 따라(나 역시 공감하고 있다) 민족주의적인 이유나 환경 보호적인 개념으로 치르는 산신 의식에 참여할 수 있을 것이다. 즉, 실존적 또는 인식론적 문제에 대해서는 신경쓰지 말고 마치 신령이 존재하는 듯이 의식을 치르는 것이다. 여기서 개념적인 문제보다 훨씬 더 중요한 것은 이러한 의식이 자신과 사회 전체에 끼치는 영향이다.

이러한 산신의 재조명은 사실, 수천 년 전으로 거슬러 올라가는 뿌리 깊은 것이다. 일연 대사는 한국의 독창적인 민족 의식을 강조하기 위해 단군 신화를 이용했다. 조선시대 내내 양반과 학자들은 '고유 문화'와 중국에서 들어온 '정통' 요소들을 놓

고 어느 쪽에 더 많은 비중을 두어야 하는가에 대해 끝없이 논쟁을 벌였다. 청나라가 실패하여 멸망하자 한국은 일본과 서구에 문호를 개방하기 시작했고, 이러한 문화적 논쟁은 '새로운' 문호로 초점을 옮겨 보다 치열하게 전개되었다. 그리고 일본 식민 치하(1905~1945)에서 산신은 한국민의 민족 의식 고취에 주도적인 모티브가 되었다. 마이클 로빈슨(Michael E. Robinson)은 "전통 한국의 엘리트들이 종종 민속과 무속을 무시하고 깊이 연구할 가치가 없다고 생각한 것은 아이러니가 아닐 수 없다. 그러나 1890년대 이후, 민족주의의 부상과 중국을 숭상하는 한국 엘리트들의 전통이 비난을 받으면서 토속 민속 문화는 민족의 상징과 주체성의 보고로 떠오르게 되었다"라고 지적한다.

1920년대에 절정을 이룬 옛 문화적 형태와 상징에 대한 논쟁은 '문화적 주체성을 고취하고 독창성과 자주성을 강조하는' 분위기가 팽배하면서 (암흑기의 '후퇴성'을 상징한다든다 중국에 종속적이라는 이유로) 문화적 전통의 많은 단면들을 매몰시키는 결과를 가져왔다. 가장 중심적인 딜레마는 과연 '한국인'들은 누구이며 왜 민족으로서의 자주성을 되찾아야 하는가 하는 문제에 대해 해답을 찾는 것이었다.

"전통 민속은 민족적 정체성에 대한 독특한 상징을 풍부하게 보유하고 있지만 현대 민족주의자들은 전통 민속의 미신과 운명론을 비과학적이고 체념적인 요소라 비방했다. 무당의 능력에 대한 믿음은 현대 서구 과학의 유입으로 인해 손상되었고, 점술가나 풍수쟁이에 의존하는 것은 운명론과 소극적인 태도를 장려한다. 초기 미신 타파주의자들

은 민속 전통을 공격했지만 일제시대에는 토속 풍속과 전통을 연구해 민족적 정체성을 강화하려는 민족주의자들의 노력을 통해 민속 문화에 대한 관심이 오히려 부흥되었다.

계몽과 이성, 그리고 비합리적인 민속 신앙 사이의 모순은 민족 정체성의 근본을 찾는 민족주의 지식인들에게 가장 큰 난관이 되었다. 민족주의적 감정은 감정적인 상태가 그 중심이 된다. 그러나 초기 한국의 현대화 기수들은 서구적인 것에 대한 열정으로 인해 비합리적이고 미신적인 전통을 이용해 집단적 정체성을 추구하기를 주저했다. 이러한 태도는 지성인들을 대중으로부터 분리시켰다. 1920년대 민족주의자들이 국민의 지지를 얻는 최선의 방법을 두고 논쟁을 벌이면서 이러한 문제가 보다 중요성을 띠게 되었다……

산신을 미륵보살로 표현한 산신상. 청주시 용호산의 우암사

더 나아가서, 민속 전통 같은 진정한 토속 문화 현대 과학과 서구적 합리주의를 벗어났다는 점에서 의심의 대상이 되었다.

그러나 한편으로는, 토속 민속 문화를 외국의 기준으로 비판하는 것 저체가 종속성의 한 예가 되는 것이 아닌가?"(M.E. 로빈슨)

이 부분을 이렇게 길게 인용하는 것은 이러한 문제가 20세기 내내 지속되었기 때문이다. 이 논쟁은 한번도 만족할만하게 "해결"되지 못했고, 당분간은 해결될 기미가 없다. 아직도 한국의 공공기관, 사설기관, 가족과 개인에게 있어 논쟁의 근거가 되고 있으며 이러한 모순은 매우 흥미롭고 희극적인 사회문화적 현상을 탄생시켰다.

똑같은 문제가 1945년 이후 한국의 극단적인 변화 속에서 내내 지속되고 있다. 1980년대의 한국의 대학생들은 전통 문화를 민족적·공산주의적·반정부적 시위에 사용했다. 가장 두드러진 예는 마당굿의 탄생이다(마당굿은 이들이 상상하는 '보통 사람들의 불만'에 초점을 두고 조선시대의 탈춤을 일부 발전시킨 것이다). 나는 강원대학교에 교수로 있으면서, 그리고 연세대학교에 대학원생으로 있으면서 이렇게 옛날의 모티브를 새로운 목적에 적용하는 과정을 가까이 지켜볼 수 있었다. 때때로 단군을 민족적 시조로, 또 정통성의 상징으로 사용하면서도, 산신을 이런 식으로 사용하는 것은 한번도 볼 수 없었다.

1980년대의 사회적·정치적 혼란의 폐허 속에서 신전통주의가 인기를 끌기 시작했고, 옛 무속적 의식과 예술 형식은 흥미로운 의미를 포함하는 야릇한 변형(1988년 하워드에서 지적한 것과 같이)

오대산 소금강 계곡의 기암괴석

을 거쳐 공연장이나 전시장에 등장하게 되었다. 음악(국악과 농악), 예술, 요리, 차(茶), 복식(개량 한복), 술 등의 분야에서 이러한 '신전통주의' 운동의 변천을 지켜보고 또 참여하는 것은 매우 흥미로운 경험이었다. 지속되는 동아시아 경제 위기로 외국 여행과 외국 소비재의 수입이 위축되면서 이러한 경향이 탄생한 것이다.

그러나 내가 보는 바로는 이러한 운동에서도 역시 다음에 드는 축제의 예를 제외하면 산신은 간과되었다. 산신은 소나무가 우거진 산비탈의 작은 사찰 사당에 '은둔'하면서 보다 풍부하고 깊은 민족문화의 부흥을 기다리고 있다. 이제 드디어 때가 다가오는 것처럼 보이기 시작했다.

한국 역사의 험준한 정상에서 아래를 내려다보면, 이러한 과정을 전체적으로 조망하고 산신과 한국 불교의 뒤얽힌 관계를 확실히 볼 수 있다. 누구나 알고 있듯이, 조선시대에는 엄격한 신유교적 의식이 사회와 정치를 주도하였다. 한국의 전래 무속이나 가장 융성했던 외국 전래 종교(이 무렵에 와서는 완전히 한국화되어 있었다) 모두가 꾸준히 경시당하고 억제당했다. 불교는 산속의 암자로 밀려나 산신과 서로 융합하기 시작했다. '문명화된' 지역에서는 명산 숭배가 멸시를 받았다. 그러나 '조상'적인 면을 강조하며 여전히 이용되기는 했다. 마치 중국의 기자에 점령당한 단군이 산신이 되어 깊은 산속으로 들어갔듯이 한국의 불교도 중국의 또 다른 '침략'을 받고 산으로 들어가 산신과 연합했다. 이 두 전통이 오랜 망명 기간 동안 서로 의존하게 된 것은 자연적인 결과이다. 서로 융합함으로써 이들은 20세기까지 살아남았다. 물론 한때 융성

가야산 의랑대암의 빼어난 산신 탱화

했던 시기에 비해 약해졌고, 부패를 조장하는 정치적 '권력'에서 멀리 있던 덕분에 어느 정도 '순수화' 되어 있었다.

지난 50년간, 그리고 지금까지 한국 문화는 다시 막강한 침략적 물결에 직면하고 있다. 이번에는 중국이 아니라 미국으로부터다. 신유교는 한국의 무속, 불교, 도교와 더불어 산중으로 밀려났다. 한국 국민들이 외국의 가치관에 싫증을 느끼고 영혼을 살찌우기 위해 다시 돌아올 때까지 이들은 우뚝 솟은 봉우리 아래 골짜기에 머물며 정화되고 서로 연결되며 힘을 모을 것이다.

한국의 불교는 지난 20여 년간 강력한 부흥을 즐기고 있었으며, 지속적인 산신과의 연합은 이 고대의 신령이 국민들 사이에서 새로운 관련성을 찾을 수 있도록 해 주었다. 나는 이제 곧 산신이 불교와 무속의 보호에서 벗어나 포스트 모던(Post-modern) 시대에 새로운 역할을 찾게 되리라고 확신한다.

2. 생태 공경(Ecopiety)과 현대 사회: 환경의 상징으로서의 산신

이제 전 인류가 무모한 환경 오염과 생태계의 훼손으로 전 세계적 위기를 불러왔다는 사실은 더 이상 새로운 '뉴스'가 아니다. 많은 사람들이 우리의 근시안적이고 탐욕스러운 행동으로 우리의 생존이 달려있는 '자연 자원'을 위협하고 있다는 것을 인식하게 되었다. 그럼에도 불구하고, 우리의 행동은 거의 달라지지 않았다.

우리는 새로운 마음가짐과 관점, 사고 방식과

판단 기준을 정립할 필요가 있다. 아니, 어쩌면 옛것을 다시 찾아야 할 지도 모른다! 산업시대 이전, 또는 농경시대 이전 문화의 철학적인 단편들까지도 개개인과 사회 전체가 나아가야 할 길을 안내하는 지표로서 관심을 끌기 시작했다. 아메리카 원주민에서 고대 켈트족, 중국의 도교와 그 이전까지, 오늘날 우리 시대의 문제에 적용할 수 있는 시적(詩的) 지혜는 적극적이고 의도적으로 발췌되고 있다. 물론 이러한 경향은 옛 문화에 대한 그릇된 낭만주의에 빠질 위험이 있지만,[1] 장기적이고 폭넓게 사물을 보는 마음가짐을 가지게 함으로써 우리의 근시안적이고 당장의 이익에만 연연하는 마음을 없애줄 수는 있을 것이다. 이러한 지혜들은 그레고리 베이트슨(G. Bateson)과 제임스 러브록(J. Lovelock)이 제시한 것처럼, 그리고 우리의 생태 과학의 결과가 보여주는 것처럼, 가장 심오하고 발전된 과학적 관점과 일치하는 것처럼 보인다.

시애틀 추장은 북아메리카의 '석기 시대'적 의식(意識)에서 금세기에 다음과 같은 조언을 남겼다.

내가 내 아이에게 가르친 것을
너희도 네 후손들에게 가르쳐야 하나니
대지는 우리의 어머니라는 것을.
우리가 대지에 주는 그대로
우리의 아들딸이 받게 될 것을.

---

1 사실 옛사람들 역시 행동 양식이 오늘날 사람들과 크게 다르지 않았다. 그래서 때로는 환경을 파괴하는 바람에 문명이 완전히 몰락해버리기까지 하지 않았던가?(바빌론이나 잉카가 대표적인 예다) 그렇지 않은 경우라도 다만 그럴 수 있는 기술이 없어서 못한 것뿐일 것이다. 그런데 이제 우리에게는 기술이 있고 이전에는 상상할 수 없을 정도로 짧은 시간에 다시는 되돌리지 못할 엄청난 피해를 입히고 있는 것이다.

무릉계곡의 폭포(1998년 10월)

대지에 침을 뱉으면
스스로에게 침을 뱉는 것과 같다.

우리는 알고 있다. 대지는 인간의 소유가 아니며
오히려 인간이 대지의 소유물이다.
우리는 알고 있다. 만물은 서로 연결되어 있다는 것을
마치 가족을 이어주는 핏줄처럼.

삶의 거미줄은 우리가 짠 것이 아니다.
우리는 다만 그 가운데 서 있을 뿐.
우리가 거미줄에 무엇을 하든
그 결과는 고스란히 우리에게 돌아온다.

이 선언은 지구 반대편에서 살았던 또 한 사람의 말과 놀라울 만큼 일치한다. 다음은 고도로 발달된 농경사회 철학가의 연설로 중국 송나라의 장재(張載, 1020~1077)가 한 말이다.

하늘은 나의 아버지이고 대지는 나의 어머니이시니,
나처럼 작은 생물 조차도
그들 안에서 편안한 자리를 찾는다.
그러므로 세상을 채우는 것은 모두 나의 몸과 같고,
세상을 이끄는 것은 모두 나의 품성으로 생각한다.

모든 사람들은 나의 형제 자매이고,
모든 사물이 나의 친구이다.

급격하고 주저없는 산업 발달의 부작용으로 한국인들은 세계 어느 국가도 따라오지 못할 정도로 자연환경을 파괴하고 오염시켰다. 최근에야 드디어 이러한 문제를 인식하고 개선하기 위한 욕구가

표충사 대원암 산신각에서 바라본 새벽 풍경

일기 시작했고 합법적인 대중의 의사표현 방법을 찾아냈다. 1998년 말 한국에서는 처음으로 민주주의적 절차에 따른 의미 있는 "녹색 승리"를 거둔 일이 있었다. 영월의 동강에 댐을 건설하려는 정부의 계획이 조직적인 민중의 항의 운동으로 무산된 것이다.

나는 이러한 과정을 보면서 무척 기뻤고, 이제 막 싹트기 시작하는 '녹색 의식'이 공공 기관과 기업, 종교, 정치적 영역에서도 최소한 현재 '서구'에서 만큼, 또 그 이상으로 강력해질 때까지 이러한 추세가 지속되기를 빌었다.

1970년대 말, 정화열 교수는 '생태공경(Ecopiety)' 이라는 단어를 만들어냈는데, 이것은 산업시대 철학의 환경파괴적 독성에 대한 해독제 중 하나로서 지구의 생물학적 환경에 충실하게 헌신하는 것을 의미한다.[2]

생태공경은 인간을 근본으로 하는 유교의 신심과 생물 및 우주를 지향하는 도교의 종교성, 그리고 다른 '세계적 종교'의 적절한 면을 추가한 것이다. 이러한 이념은 앞으로 철학과 사회정치적 윤리 분야에서 우리가 알면서도 후세의 자손들에게 물려주려는 재해를 방지하는 데 도움이 될 것이라고 생각한다.

---

2 Jung, Hwa-yol 1980. 정화열 교수는 1970년대 후반부터 1980년대 초반에 이르기까지 그 밖의 몇몇 학술논문을 통해서 '심층 생태주의(Deep Ecology)'를 주장하였다. 이 논문들은 그가 펜실베니아의 모라비안 대학에서 정치학을 연구하면서 쓴 글들이다. 당시 그는 이 사상을 책으로 출판하려 했었는데 그 계획을 실현했는지는 모르겠다.

지리산 연원사의 벽화. 자연을 즐기고 있는 군자의 모습을 그리고 있다.

나는 오래 전부터 산신이 21세기 한국 사회의 생태공경의 상징이라는 역할을 훌륭하게 수행할 수 있을 것이라고 생각하고 있었다. 지구 생태계 중 산악 부문과 인간 거주자들 사이의 상호 진화적 조화를 예술적으로 표현한 이상으로, 일반적인 '환경적' 사고방식과 한반도 환경의 구체적인 보호를 장려하는데 도움이 될 수 있을 것이다.

에드워드 칸다(Edward Canda)는 한국 무속의 산신 경험은 자연과의 깊은 연대감과 세상의 생명을 관장하는 힘에 대한 경외심, 그리고 환경과 인간은 뗄 수 없이 연결되어 있다는 인식에서 우러나는 것이라고 했다. 만일 이러한 의식이 산신 초상을 통해 현대 한국 사회의 보다 많은 사람들에게 전파될 수 있다면 그 효과는 말할 수 없이 클 것이다.

한국인들은 한때 산과 숲, 샘을 매우 조심스럽게 존중하는 태도로 대하고 있었다. 함부로 대하면 벌을 받는다고 믿었으니까! 현대 산악인들이 등산로 옆의 돌무더기에 절을 하는 것은 그 시대의 희미한 잔영이 남아 있기 때문이다. 산신은 산의 모든 영적 '심리형태'를 대표하는 존재이다. 산의 개별적 특성이나 그 위에 자라는 나무, 풀, 야생 동물들과 산이 그 주변에는 사는 주민들에게 주는 샘물, 땔감, 약초, 사냥거리 등의 혜택들 그리고 험준함, 호랑이, 부상(負傷), 산사태 등의 위험과 산 자체의 '복지(오염되지 않고, 지나친 벌목이나 채굴, 산불 등의 피해를 입지 않는 것)' 등이 모두 산신의 관할인 것이다. 우리는 간혹 스스로가 이러한 단순한 문제들로부터 안전한 거리에 있다고 착각하지만, 이는 우리의 생존에 가장 기본적이고 중요한 요소로 남아 있다. 이들은 '도'의 핵심 요소이며 신을 믿는 사람이라면 '신'에게도 중요한 관심사이다. 칸다는 이렇게 요약했다. "산신과 인간 사회의 조화는 크게는 전 우주의 조화를 이루는 핵심이며, 따라서 인간 복지의 핵심이 된다는 것이 주도적인 생각이다. 이것은 산신이 화를 내면 즉시 재앙이 온다는 구체적인 개념으로 인식된다."

한국인들은 낚시나 뱃놀이, 야외 스포츠, 그리고 무엇보다도 전국적으로 수많은 사람들이 즐기는 등산 등을 통해 아직까지 온전히 남아 있는 자연환경을 대하고 있다. 날씨가 좋은 주말이나 휴일이 되면 등산로는 단순한 운동 이외의 보람을 찾는 열성 등산가들로 붐빈다. 경상북도 상주시 노악산 기슭에 있는 석재 남장사(南長寺) 장승에는 다음과 같은 나무 팻말이 붙어 있다.

산악인들은 무한의 세계를 찾는다.
열정과 단결로 모든 고난을 이겨내며
목적지에 도달할 때까지 절대 포기하지 않는다.
산악인들은 자연의 세계와 하나가 된다.
위선과 가식을 버리고,
평화, 사랑, 그리고 진실의 세계를 찾는다.[3]
—상주 산악회—

등산에 보다 깊은 의미와 가치를 부여하는 이 선언은 낭만적인 과장이 담겨있지만, 그래도 생태 공경으로 가는 길을 보여주고 있다. 인간과 산의 상호 진화의 직접적인 경험에 영적인 요소에 대한 경외심이 더해져서 자연의 '신성한' 성격에 대한 총체적인 인식으로 인도하는 것이다. 자연 속에서 단순히 '놀이'를 하는 동안에도 인간은 우리가 당연

---

3 이 현판은 노악산에서 가장 중요한 사찰인 남장사 입구에서 몇백 미터쯤 떨어진 곳에 위치하고 있다.

은퇴한 관료가 신선이 되었다는 전설이 전해져 오는 단양 구담봉

한 것으로 받아들이고 있는 생태계가 실제로는 상하기 쉬운 영적 모태이며, 우리의 존경과 경외심을 받을 자격이 있다는 것을 깨닫게 된다. '나와 그것'으로 대표되는 관계가 '나와 당신'이라는 관계로 바뀌게 되고, 우리의 관점은 두려움과 약탈에서 경외심과 사랑, 보존과 보호로 변화한다.

훌륭하게 그려진 산신 탱화는 이러한 인식 과정, 전 지구적 자살로부터 스스로를 구하기 위한 생태 공경의 필요성을 대표하는 상징으로, 또는 만다라라고 정의할 수 있다. 그리고 현대 한국의 교육 도구로, 또 널리 알려진 '환경'의 상징으로 사용될 수 있다. 산신과 관련된 지혜와 건강 등의 가치에 민족적 의미가 더해지기 때문에 크게 도움이 되리라고 생각한다. 대규모 산신 의식은 민중이 환경 문제를 생각하게 하고, '녹색' 정책이나 습관에 대한 지지를 모으는데 좋은 기회가 될 수 있다. 우선적으로는 한국에서, 더 나아가서 세계적인 규모로 키울 수 있다. 나는 아직까지 한국의 명산 숭배 전통이 이러한 방식으로 이용되는 것을 보지 못했지

천황산에서 내려다 본 표충사의 모습

나뭇가지에 매어놓은 공공 단체의 등산 표지

서낭당 가지에 매어놓은 무당들의 표지

만 다양한 역할에 적응하는 산신의 경력을 생각하면, 그렇게 될 날이 멀지 않았다고 생각한다.

3. 남북 통일

휴전선 양쪽에서 단군은 현대 한국의 민족적 주체성의 중심으로 등장했다. 대부분의 한국인들은 단군 신화가 '완전히 사실적'이 아니라고 확신하고 있는 것 같지만(이런 상황은 기독교인들이 성경의 신화를 신앙적으로 '진실'이라고 믿는 것과 같다) 거의 모두는 아니라도 많은 사람들이 이 신화를 한국 '민족'이 과거와 현재, 그리고 미래의 정치적, 또는 사회적 분열이나 갈등을 초월해 근본적으로 한 뿌리에서 출발했음을 보여주는 중요한 상징이라고 생각한다. 그러나 남한에서는 종교와 민족주의를 통합하는 계획을 촉진하기 위해 공개적으로 신화가 '진실'이라고 주장하는 사람들이 있다.[4] 그리고 나는 일반적으로 무신론자인 평양 체제가 최근에 들어 이들과 뜻을 같이하고 있는 것은 매우 흥미로운 현상이라고 본다.

조선중앙통신(KCNA, 북한의 공식적 대외 선전 기관)은 1993년 평양 근교에서 '단군의 묘지 발견'을 보도했다. 이어서 그들은 무덤 발굴을 통해 단군이 실제로 존재했다는 고고학적 증거를 찾았다고 발표했다. 신화적, 또는 전설적 인물로 잘못 알려져 있던 단군은 실제로 존재했으며, 한국 민족의 5천 년에 걸친 긴 역사와 민족적 동질성을 증명해 주었다는 것이다. 단군의 무덤에서는 약 5011년 전의 것으로 보이는 단군의 유골과 그의 왕비로 보이는 한 여인의 유골이 발견되었다고 했다(이것은 금세기 들어 환웅이 태백산으로 내려온 시점으로 추정하여 단기 원년으로 삼은 기원전 2333년보다 약 685년 앞서는 것이다. 서기 2002년은 단기 4335년이 된다). 현대 남한의 학자들이 인정하고 있고, 일본을 비롯한 외국의 한국 학자들이 모두 인정하는 견해에 따르면, 단군의 이야기는 신화이며 최대한 인정을 한다 해도 천상을 숭배하는 부족과 곰을 숭배하는 부족의 연합을 말해주는 전설이라고 하는 학설이 북한에서는 '완전히 무시되고' 있는 실정이다. 당시 북한의 독재 지도자였던 김일성은 '한국의 민족적 자존심과 명예, 그리고 애국심을 고취하고 위해' 단군의 무덤을 '복원'하라는 교시를 내렸다.[5]

남한의 전직 교육부 장관이며 대종교(단군을 숭배하는 남한의 토속 종교)의 교주인 안호상 씨는 1995년 4월(당시 93세) 북한을 방문했다. 그는 한국인들은 "단군의 나라를 통일하는데 전력을 쏟아

---

[4] 여기에는 주로 미국과 일본을 대상으로 한 외국 혐오증이 상당수 개입되어 있으며, 비틀어진 호전적 애국주의, 군국주의, 조악한 인종차별주의 등이 합쳐져 한국의 찬란한 고대사와 고대 철학을 논하는 아무 증거도 없는 몇 가지 책들에 대한 맹신으로 나타난다. 이러한 현상이나 그들의 믿음은 중세기 독일이나 일본의 파시즘과 다를 바가 없다. 이들은 대부분 '우익'이지만 현대 남한의 '좌익' 운동에서도 쉽게 동조를 받곤 한다. 이러한 극단적인 민족주의야말로 한국의 '좌익'과 '우익'이 가장 잘 의견의 일치를 보는 부분이 아닐까 싶다.

[5] 여기서 밝힌 모든 정보 및 인용들은 모두 1995년 한국의 신문에 보도된 내용들이다. 그 이후의 여러 정황과 정보들 역시 이러한 사실을 잘 뒷받침해주고 있다. 북한 당국은 외국이나 남한의 학자들이 이 '무덤'을 독립적으로 조사하는 것을 절대 허락하지 않았으며 평양 정권의 주장에는 별로 신빙성이 없다는 것이 일반적인 의견이다. 어쨌든 이 단군릉은 '복원'이 완료되어 이제는 북한의 가장 큰 관광지 및 '참배지'가 되었다. 몇몇 외국 및 남한의 학자들이 여기에 가보았다고 하는데, 사진에서 보면 이 능은 거대한 기념비 모양의 계단식 피라미드로 이전까지 한반도에서 전혀 발굴되지 않은 형태이다.

오대산 월정사에 그려진 백수의 왕 호랑이와 단군 초상

야 한다. 국가의 시조인 단군에 대한 숭배를 통해서만 7천만 동포들을 화해와 통일로 인도하는 길을 닦을 수 있다"고 선언했다. 이 선언은 평양 당국의 환영을 받았고, 남측도 이에 대해 이견을 달지 않았다(이것은 여타 북에서 발표한 통일지지 발언들에 대한 반응과 비교해 볼 때 매우 이례적인 일이다). 북한의 라디오 방송은 안호상 씨가 개천절(단군이 하늘에서 내려온 날)에 '단군 묘'에서 공식 의식을 주최했다고 보도했다.

그에 더해 북한의 공식 뉴스 기관인 조선중앙통신이 1999년 2월 17일에 보도한 다음 편지가 암시하는 것이 무엇인가 생각해보자. 편지의 제목은 〈김정일 동지에게 보내는 오익제의 축하편지〉이다. "위대한 령도자 김정일 동지께 탄생일에 즈음하여 조국평화통일위원회 부위원장 오익제 선생이 삼가 축하편지를 드리었다"로 시작하는 편지는 다음과 같다.

"경애하는 령도자님께서 백두산에서 탄생하신 것은 우리 단군민족과 인류력사에서 특기할 사변이었고 경이로운 축제였습니다.

백두산은 소종(祖宗)의 신이며 민족이 성지임

계룡산신제를 올리고 있는 유명한 무당 김유감(1999년 4월)

이른 새벽부터 치러진 계룡산신제(1999년 4월)

니다.

……위대한 령도자님께서는 백두산의 정신을 안고 생의 한걸음한걸음을 걸으셨고 백두산과 같은 슬기와 담력을 체득하시였습니다.

……오늘 이 땅우에 강성대국의 문이 활짝 열리게 된 것도 위대한 령도자님께서 백두산의 정신을 안고 이 나라를 령도해오신 빛나는 자욱의 응당한 귀결점입니다.

경애하는 령도자님의 자주의지로 솟아있는 백두산이 있어 나라도 하나이고 민족도 하나입니다.

위대한 김정일 령도자님께서는 백두산의 정신을 안고 백두산에서 조국통일을 안아 오실 것입니다.

력사의 래일은 백두산에서 밝아오며 령도자님께서 계시는 한 우리 조국은 백두산처럼 머리들이 떳떳하고 자랑스러울것입니다."

이러한 일련의 사건들은 비극적인 휴전선 양쪽에서 한국의 전통 문화 상징들이 아직도 중요한 의미를 지니고 있음을 시사하는 것이며, 이러한 상징들이 서유럽에서 탄생한 '자본주의'와 동유럽에서 발생한 '공산주의'의 통일에 괄목할만한 도움이 될

수도 있다는 가능성을 보여준다.

단군 신화는 산신 전통과 매우 밀접한 관계에 있으며, 산신 상징들은 한국의 시조인 단군을 비롯해 한반도의 산들을 막연하나마 대표하고 있다고 볼 수 있다. 나는 산신이 한국이 통일로 가는 과정에서 중요한 역할을 하게 될 것을 기대하고 있다. 사실 한국인들은 통일을 열망하고 있으며, 대부분의 전문가들은 한반도의 통일이 앞으로 10년이나 20년 안에 이루어질 것으로 예측하고 있어, 그리면 이야기는 아닐 것으로 생각된다.

대(大) 사찰인 은해사의 주지 법타 스님은 '조국 평화 통일 불교협회(평불협)'의 대표 자격으로 북한을 다섯 차례에 걸쳐 방문했다. 스님은 나에게 "일부 북한 주민들은 아직도 산신을 믿고 있다"고 얘기해 주며, 산신 사당도 아직 남아있다고 알려주었다. 예를 들어, 스님이 평양 근교의 법운암을 방문했을 때, 그곳에는 산신각과 칠성각이 있었으며, 실제로 사람들이 기도하는 모습은 볼 수 없었지만, 건물은 온전한 모습을 유지하고 있었다고 했다.

외국인들에게 더욱더 호감을 줄 것 같은 부부 산신이 그려진 산신 탱화. 계룡산 금룡암

남한에서는 지난 몇 년 사이에 민족의 정체성 보호, 통일 등의 확고한 주제를 가지고 대대적인 공개 산신 의식을 펼치기 시작했다. 1998년 4월, 나는 처음으로 계룡산 산신제에 수백 명의 한국인들과 함께 참석하게 되었다. 산신제는 세 번째 보름날, 중악단 산신 사당 근처에서 금요일 밤부터 일요일 오후까지 진행되었다. 나의 오랜 친구인 프레드 제레미 세릭슨(Seligson)과 일요일에 한국인 학생들과 함께 구경을 하러 온 몇몇 영어 교사들을 제외하면 외국인은 한 사람도 볼 수 없었다. 내가 적극적으로 참여하는 모습은 그곳에 모인 사람들과 신원사의 승려들, 그리고 산신제를 진행하는 사람들의 호기심을 불러일으켰고, 다들 따뜻하게 환영해 주었다.

계룡산신(그리고 계룡산에서 흘러나오는 강)에 바치는 비(非)유교도, 불교 신도, 북부 무속과 남부 무속 의식에 따른 제사가 연이어 진행되었는데, 참가자들은 복장을 완벽하게 갖추어 입고 매우 진지한 모습으로 의식을 진행했다. 이 행사는 심우성 씨가 매우 철저하게 조직한 것으로, 심우성 씨는 나에게 자신은 산신을 '단군의 아들들'로 생각하며, 따라서 모든 한국인들의 조상신이라고 본다고 말해 주었다. 또, 계룡산신은 그 중에서도 가장 강력한 신들 중 하나이며, 이렇게 대대적이고 범종교적인 기도 의식을 통해 국가의 통일과 국민의 단결, 그리고 경제 위기의 극복을 촉진할 수 있기를 바란다고 했다. 그는 매년 세 번째 보름날 이 행사를

계룡산 산신제에서 심우성 교수와 함께 한 저자

계속할 작정이며, 가능하다면 아홉 번째 보름에서 실행할 것이라고 했다. 현재까지 1998년, 1999년, 2000년, 2001년에 성공적인 산신제가 치러졌는데, 나는 매번 처음부터 끝까지 참여했고, 이제는 내가 가장 좋아하는 한국의 연례행사가 되었다. 나는 이 축제가 계속되기를 바라며, 한반도의 모든 명산에서도 이런 행사가 주최될 수 있기를 바란다.

심우성 씨는 충청남도 지역에서 매우 존경받고 있는 문화계의 지도자이며, 공주민속박물관을 세워 관장으로 있는 분이다. 그는 자신이 옛 관습을 되살렸을 뿐이며 새로운 행사를 만들어낸 것이 아니라고 했다. 조선시대에는 계룡산 산신제가 정기적으로 열리고 있었으며, 일제 시대에 식민 정부의 명령에 따라 중단되었다는 것이다. 한국의 기독교인들도 매년 초대를 했지만 아무도 이 축제에 참여하지 않았는데, 그 이유는 굳이 설명하지 않아도 잘 알 것이다. 심우성 씨는 내가 기독교인들의 불참에 대해 언급하자 그저 웃기만 했다. 이 지역 기독교인들의 주도로 이 행사를 저지하려는 정치적 시도가 있었지만, 지금까지는 별다른 효과가 없었다. 나는 이 행사에서 지역의 시도 지사들과 여러 관리들, 그리고 국회의 대표들과 악수를 나눌 수 있었다는 것이 매우 자랑스러웠다.

지난 몇 년간, 나는 지역 정부 관리들이 산신 신앙을 지지하고 인정하는 모습을 여러 번 목격할 수 있었다. 개천절에 열리는 '태백 천제'에 대한 공식 지원도 해마다 강화되고 있다. 강원도 원주시의 시장은 지난 6년간 치악산 산신에게 바치는 동악단 의식에서 주도적인 집행자 역할을 맡고 있기도 하다.

2000년 한해 동안만 해도 경상남도 산청군청은

춘천시 모란산 대원암의 산신각(1999년 부처님 오신날)

인천 영종도의 백운산 용궁사의 산신 탱화

지리산 천왕봉 성모할매 산신상을 새로이 제작해, 법계사 입구의 주차장에서 보이는 자리(동쪽으로 냇물 건너편)에 세우도록 제반 업무를 추진해 주었다. 새로운 산신상은 원래의 산신상과 같은 스타일과 자세로 제작되었으나, 얼굴만이 약간 둥글어졌다. 시민들이 그 앞에서 절을 하고 기도를 하며 개인적인 복과 남북 통일, 평화와 번영을 비는 것을 장려하고 있다. 내가 2001년 5월에 산신상을 친견했을 때에는 세 시간 거리에 있는 부산에서 전세 버스를 타고 온 한 무리의 중년 여인들이 기도를 하고 있었다. 산신 숭배에 대한 이러한 공개적인 정부의 지원과 인정은 기독교인들이 정부를 거의 장악하고 있는 현대 한국에서는 혁명적인 일이 아닐 수 없다. 산신상 옆에는 비석이 서 있는데, 비문은 이 산신이 한국의 신성한 영적 어머니라고 입증하고 있으며, 이렇게 끝을 맺고 있다.

"이제, 산청군 시천면 주민들은 온 마음을 바쳐 이곳 중산리에 새로운 성모상을 원형보다 더 크게 제작하여 모신다. 이 산신상은 2000년 8월 6일 이 자리에 세워졌으며, 남북 통일과 소국의 수호, 국

가의 번영을 바라는 우리의 마음을 담은 기념비로 삼는다."

앞으로 있을 한국의 남북 통일은 사회문화적으로 매우 어려울 것이 틀림없다. 현대 북한과 남한의 주민들 대다수가 '공통적으로 믿는다'고 할 만한 요소가 거의 없기 때문이다. 그래서 단군과 산신의 결합이 중요한 역할을 하게 되리라고 기대하는 것이다. 한국인들의 민족적 정체성에는 불교나 유교, 기독교나 주체 사상, '자유 시장적 민주주의', '현대주의', '내 지방' 등 다양한 요소가 포함되겠지

인천시 남쪽 청룡산 호불사의 산신각 바로 옆에는 거대한 산신 조각이 야외에 모셔져 있다.

만, 단군과 산신도 빠질 수 없을 것이다. 그러므로, 나는 이 두 신과 그 상징들이 두 개의 다른 한국을 '한민족, 한 국가'로 결합시키는 과정에서 중심적인 역할을 할 것이라고 보는 것이다.

나는 외국의 방문객들이 산신도 그림에 크게 매혹당하는 것을 보았다. 산신도의 인간적이고 자연주의적인 상징들은 외국인들도 이해하기 쉬웠다. 나의 경우가 좋은 예이다. 따라서 산신도는 한국 문화가 세계로 뻗어나가는데 있어 훌륭한 교량 역할을 할 수 있다. 산신은 한국의 주요 상징으로 사용될 수 있으며, 한국 관광 홍보에도 크게 도움이 될 것이다.

역사적으로 한국의 '국제 문화 교류'는 거의 대부분 일방통행식이었다. 거대한 문화의 물결이 국내로 흘러들어왔다(여기에는 몇 가지 중요한 예외가 있다). 반면 외국인들의 한국에 대한 지식은 '제한적'이거나 '전무'했다. 1975년에서 1981년 사이에 내가 미국에서 공식적으로나 비공식적으로 '동양철학'을 배우고 있을 때에도, 단 한번도 '한국'이란 말을 들어보지 못했다! 일본이나 중국의 경우와 비교할 때 이러한 현상은 참으로 놀랍고 안타까운 일이 아닐 수 없다. 그러나 1988년 서울 올림픽 이후, 이러한 상황은 빠르게 개선되고 있다. 한국에서 오랫동안 영어를 가르치면서, 나는 영어의 사용을 미국 문화의 '수입'에만 국한시키지 말고 한국의 문화를 적극적으로 '수출' 또는 최소한 '설명'하는 데 사용하는 것이 얼마나 중요한지 강조해 왔다. 한국은 경제적·정치적인 성장으로 국제적 인정을 받는 것만큼 문화적인 면에서도 인정을 받을 만하며, 산신은 최대의 '수출품'이 되기에 안성맞춤이다.

지리산 북쪽 벽송사의 서암에 있는 산신 조각

한국의 토속 문화는 단군이 산신이 되어 산으로 들어간 이후 놀랍도록 아름다운 한국의 산속에 은둔하고 있었다. 그러나 이제 휴전선 양쪽에서 한국 문화의 뿌리에 대한 관심이 크게 일고 있고 순수 민족주의의 부상으로 외국의 사상과 종교는 힘을 잃고 있다. 한반도 전역의 환경 파괴가 위험 수위에 이르고 있어 수백 년에 걸친 유배는 끝을 맺게 되었다. 내가 바라고 기대하는 것은 산신이 환경 보호와 생태학적 지혜의 상징으로, 한국 문화의 대사로, 그리고 한국의 국토 통일의 발판이 될 한국 문화의 통일을 주도하는 존재로 적극적인 역할을 새로이 맡는 것이다. 문화의 통일은 정치적인 화해와 함께 (그보다 앞서) 진행되어야 하기 때문이다.

꼭 그렇게 되기를!
또 이 책이 도움이 되기를!

참고 목록

해외 목록

Baker, Donald 1997   public posting on the "Korean Studies" internet mailing-list, and private E-mail messages.

Bateson, Gregory 1979   *Mind and Nature: A Necessary Unity*, New York: E. P. Dutton.

Bernbaum, Edwin 1990   *Sacred Mountains of the World*, San Francisco: Sierra Club.

Canda, Edward R. 1980   "The Korean Mountain Spirit" in Vol. 20 #9, September 1980, Korea Journal, Seoul: UNESCO.

Clark, Charles A. 1929   *Religious of Old Korea*, Republished in 1961 by Seoul: Christian Literature Society.

Covell, Alan Carter 1986   *Folk Art And Magic*: Shamanism in Korea, Seoul: Hollym Corporation; Publishers.

Covell, Jon Carter 1981   *Korea's Cultural Roots*, Seoul: Hollym Corporation; Publishers

Dix, Griffin 1987   "The New Year's Ritual and Village Social Structure", in Kendall and Dix, eds., *Religion and Ritual in Korean Society*, Berkeley: University of California.

Dredge, C,Paul 1987   "Korean Funerals: Ritual as Progress", in Kendall and Dix, eds., *Religious and Ritual in Korean Society*, Berkeley: University of California.

Frederic, Louis 1995   *Flammarion Iconographic Guides*: BUDDHISM, Original in French; English translation by N. Marshall Paris, France: Flammrion Publishers.

Grayson, James Huntley 1989   Korea: A Religious History, London: Oxford.

Grayson, James Huntley　1996　"The Myth of Tan'gun"a lecture given on March 13th 1996, to the Royal Asiatic Society, in Seoul (from my notes).

Grayson, James Huntley　1998　"Christianity and Korean Religions: Accommodation as an Aspect of the Emplantation of a World Religion" pp. 133-152 in *Korean Shamanism: Revivals, survivals, and change*, Edited by Keith Howard, Published in Seoul for the Royal Asiatic Society, Korea Branch, by Seoul Press.

Hahm, Pyong-choon　1988　"Shamanism and the Korean World-View" in Yu C S. & Guisso (eds.), *Shamanism: the Spirit World of Korea*, Berkeley: University of California.

Hogarth, Hyun-key Kim　1992　*Korean Shamanism and Cultural Nationalism*, M.A. Thesis in Social Anthropology, University of Kent at Canterbury, Published later as a book.

Hogarth, Hyun-key Kim　1998-#1　*Kut: Happiness Through Reciprocity*, Volume 7 of the "Bibliotheca Shamanistica"; published for the "International Society for Shamanistic Research" by Akademiai Kiado, Budapest, Hungar, A reprint of her 1995 Ph. D. dissertion for the University of Kent at Canterbury.

Hogarth, Hyun-key Kim　1998-#2　"'Trance' and 'Possession Trance' in the Perspective of Korean Shamanism" pp. 45-54 in *Korean Shamanism: Revivals, survivals, and change*, Edited by Keith Howard, Published in Seoul for the Royal Asiatic Society, by Seoul Press.

Howard, Keith　1998　"Preseving the Spirits: Rituals, State Sponsorship, and Performance" pp. 133-152 in *Korean Shamanism: Revivals, survivals, and change*, Edited by Keith Howard, Published in Seoul for the Royal Asiatic Society, Korea Branch, by Seoul Press.

Im, Dong-kwon　1996　"Village Rites: A Rich Communal Heritage" in *Korean Cultural Heritage Vol. II*,

Korea Foundation, Seoul.

Inoue, Hideo   1989   "The Reception of Buddhism in Korea and Its Impact on Indigenous Culture" in Lewis Lancaster and C. S. Yu (eds.), *Introduction of Buddhism to Korea*, Berkeley: Asian Humanities Press.

Iryon (13th Cent.)   *Samguk Yusa: Myths & Legends of the Three Kingdoms*, English translation by Ha, Tae-hung 1972, Seoul: Yonsei University Press.

Janelli, Roger   1982   *Ancestor Worship and Korean Society*, Stanford, CA: Stanford University Press.

Jung, Hwa Yol   1980   "The Way of Ecopiety: a Philosophic Minuet for Ecological Ethics" pp. 81-99 in *Commonplaces: Essay On The Nature Of Place*, New York: University Press of American.

Kendall, Laurel   1985   *Shamans, Housewives and Other restless Spirits*, Honolulu: University of Hawaii Press.

Kendall, Laurel   1998   "The Shaman's Journey: Real and Ideal in a Living Folk Tradition" pp. 91-211 in *Korean Shamanism: Revivals, survivals, and change*, Edited by Keith Howard, Published in Seoul for the Royal Asiatic Society, Korea Branch, by Seoul Press.

Kim, Jung-tae   1996   "Mountains in Korean Thought" *in Korean Cultural Heritage Vol. II*, Korea Foundation, Seoul.

Kim, Duk-Whang   1998   *A History of Religion in Korea*, Seoul: Daeji Moonhwa-sa.

Kim, Seong-Nae   1998   "Problems in Defining Shaman Types and Local Variations" pp. 33-44 in *Korean Shamanism: Revivals, survivals, and change*, Edited by Keith Howard, Published in Seoul for the Royal Asiatic Society, Korea Branch, by Seoul Press.

Kim, T'ae-gon   1988   "Regional Characteristic of Korean Shamanism" pp. 119-130 in Yu, Chai-Shin & Guisso, R (des.), *Shamanism: the Spirit World of Korea*, Berkeley: University of California Press.

Kim, T'ae-gon   1998   "What is Korean Shamanism?" pp. 15-32 in *Korean Shamanism: Revivals, survivals, and change*, Edited by Keith Howard, Published in Seoul for the Royal Asiatic Society, by Seoul Press.

Kim, Yol-gyu   1975   "Some Aspects of Korean Mythology" Vol. 15 #12, December 1975 issue of *Korea Journal*, Seoul: UNESCO.

Lee, Bong-Choon   1993   "The Characteristic and Inclination of Korean Buddhism", section 4 of the Introduction to *The History and Culture of Buddhism in Korea*, Seoul: Dongguk University Press.

Lee, Peter H. (ed.)   1993   *Sourcebook of Korean Civilization, Volume 1.* with Donald Baker, Yongho Ch'oe, H. Kang & Han-Kyo Kim, New York: Columbia University Press.

Lee, Peter H. (ed.)   1996   *Sourcebook of Korean Civilization, Volume 2.* with Donald Baker, Yongho Ch'oe, H. Kang & Han-Kyo Kim, New York: Columbia University Press.

Ridely, Michael   1978   *The Art of World Religions: BUDDHISM* Dorset, England: Blandford Press.

Robinson, Michael E.   1988   Cultural Nationalism in Colonial Korea 1920-1925, Seattle: University of Washington Press.

Rogers, Michael C.   1983   "*P'yonnyon T'ongok*: The Foundation Legend of the Koryo State", pp. 3-72 in *The Journal of Korean Studies*, Volume 4, 1982-83, Society for Korean Studies, University of Washington, Seattle.

Ryu, Je-hun   2000   *Readubf the Korean Cultural Landscape*, Hollym Corporation; Publishers, Seoul.

Tedesco, Frank   1997   "Questions for Buddhist and Christian Cooperation in Korea" pp. 179-195 in the jounal *Buddhist-Christian Studies*, Vol 17, 1997.

Tian, Valeri   1996   "Form and Philosophy in Korean Buddhist Temple Layout" pp. 55-87 in *TRANSACTIONS* Vol. 71, Journal of the Royal Asiatic Society, Korea Branch.

Walraven, Boudewijin   1998   "Interpretations and Reinterpretations of Popular Religion in the Last Decades of the Choson Dynasty" pp. 55-72 in *Korean Shamanism: Revivals, survivals, and change*, Edited by Keith Howard, Published in Seoul for the Royal Asiatic Society, Korea Branch, by Seoul Press.

Yi, Du-hyun   1988   "Role Playing Through Trance Possession in Korean Shamanism" pp. 162-180 in Yu, Chai-Shin & Guisso, R. (eds.), *Shamanism: the Spirit World of Korea*, Berkeley: University of California Press.

Yu, Chai-Shin   1988   "Korean Taoism and Shamanism" pp. 98-118 in Yu, Chai-Shin & Guisso, R. (eds.), *Shamanism: the Spirit World of Korea*, Berkeley: University of California Press.

Yu, Tong-shik   1986   "The Life and Indigenous Beliefs of the Common People" pp. 655-676 in *Introduction To Korean Studies*, Seoul: National Academy of Sciences.

Zo zayong[Jo Ja-yong]   1975   *Diamond Mountain*, Seoul: Emileh Museum.

Zo zayong[Jo Ja-yong]   1982   *Guardians of Happiness: Shamanistic Tradition in Korean Folk Painting*, Seoul: Emileh Museum.

국내 목록

팔공산 동쪽 은해사 주지스님인 법타스님과 나눈 사담(私談) 중에서, 1998.

조지훈, 사상과 종교 중 "한국의 종교와 그 배경", 서울: 박우사, 윤길섭 영역, 1962.

김회우, "한국 사찰의 산신 신앙 연구", 국립문화연구소의 학술연구논문, Charles Mark Mueller 영역, 1996.

김태곤, 한국무속대계, 제3권, pp. 205-264, 서울: 고려대학교 민족문화연구소, 1982.

서울 봉원사(태고종의 총본산)에서 인간문화재 단청장인 만봉스님과 나눈 사담(私談) 중에서, 1995.

강원도 춘천시 대원사 주지 스님인 만성스님과 나눈 사담(私談) 중에서, 1997.

충청남도 계룡산 신원사 묘봉스님과 나눈 사담(私談) 중에서, 1998.

한국 호랑이 민예전, 전시회 카탈로그, 1988.

경기도 봉선사 조실이자 동국역경원장인 월운스님과 나눈 사담(私談) 중에서, 1997.

서울 연등국제선원 선원장인 원명스님과 나눈 사담(私談) 중에서, 1997.

양종승, 큰무당 우옥주 유품전 특별전시 카탈로그, 서울: 국립민속박물관, 1995.

윤열수, 산신도, 서울: 대원사 빛깔있는 책들 시리즈 216번, 1998.

유동식, 한국 무교의 역사와 구조, 서울: 연세대학교 출판부, 1986.

유동식, 한국의 무당, 서울: 열화당, 1981.

조자용, 제1회 산신과 호랑이 전시회 카탈로그, 서울 가나 아트 스페이스, 1998.

산신: 한국의 산신과 산악 숭배의 전통

제1판 1쇄 발행 2003년 9월 30일
       3쇄 발행 2021년 9월 10일

지은이   데이비드 메이슨
옮긴이   신동욱
펴낸이   임상백

ISBN   978-89-7094-350-3 33290

펴낸곳   한림출판사

주소   (03190) 서울특별시 종로구 종로12길 15
등록   1963년 1월 18일 제 300-1963-1호
전화   02-735-7551~4
전송   02-730-5149
전자우편   hollym@hollym.co.kr
홈페이지   www.hollym.co.kr